Querida AMIGA...
yo te veo "!

con cariño   Gabriela

Sawubona
El poder de SER apreciativo

Damàs Basté

Portada: Juana Sánchez (Canva)
Corrección: Juana Sánchez
Editado por: Kindle Direct Publishing
ISBN: **979-8795853741**

Queda prohibida, salvo excepción prevista en la Ley cualquier forma de reproducción, distribución, comunicación pública y transformación de esta obra con ánimo de lucro y sin consentir con el autor de la propiedad intelectual. La infracción de los hechos mencionados puede ser constitutiva de delito contra la propiedad intelectual (art. 270 y ss Código Penal)

Índice

Agradecimientos 5
Prólogo 7
Apreciados lectores: 11
PRIMERA PARTE 17
Introducción. 17
   La dicotomía entre lo positivo frente lo negativo. 23
   La segunda enfermedad como aprendizaje. 33
SEGUNDA PARTE 41
Aprehender lo aprendido y repensar lo repensado. 41
   La tiranía del pensamiento positivo y el exceso de positivismo. 45
   La reflexión crítica. 49
   La positividad puesta en acción. 57
   Repensar lo positivo. 61
   El optimalista como integración de lo positivo y del negativo. 67
   Apreciar la realidad. 71
TERCERA PARTE 81
Los marcos de referencia y la positividad. 81
   El movimiento heliotrópico. 81
   La elección del prisionero 119.104. 89
   El juego Figura y Fondo. 95
CUARTA PARTE 105
Las atribuciones que (nos) hacemos y los juegos a los que jugamos. 105
Atribución Interna-Externa 113
   ¡Bendito fracaso! 125
   Las "casi victorias" y los "fracasos exitosos". 139
   El éxito con sentido. 149
   La posibilidad irradiadora. 155
Atribución Estable-Inestable. 159
   Mentalidad fija y mentalidad de crecimiento. 163
   La fuerza del "todavía". 167

El devenir y la impermanencia... 171
Atribución Controlable-Incontrolable.............................177
   La ilusión de control... 179
   La percepción de control y la realidad objetiva. 189
   Opciones frente la ilusión de control. 195
   La milla milagro 199
   De ilusiones, ¿también se vive?..................................... 205
   La ilusión como distorsión o interpretación errónea..207
   La ilusión desde la imaginación y la fantasía. 215
   La ilusión positiva y el entusiasmo............................... 219
QUINTA PARTE..223
Los estados emocionales y las atribuciones.....................223
   Atribución Interna-Externa y estados emocionales. ... 229
   Atribución Estable-Inestable y estados emocionales.. 231
   Atribución Controlable-Incontrolable y estados emocionales. 237
   Liberarse y seguir adelante.. 247
SEXTA PARTE 259
Pautas a recordar para vivir apreciativamente. 259
   Experimenta la lógica apreciativa. 259
   Observa dentro de ti para ofrecer tu mirada más apreciativa... 273
   La vida responde de acuerdo a lo que buscas............. 279
   La apreciatividad y la atención. 281
   La búsqueda de contextos y modelos apreciativos...... 285
   Lo que aprecias (y lo que no aprecias) se incrementa y se hace más presente... 289
   La transformación por conservación. 293
   La mirada apreciativa fuera de etiquetas. 295
   La mirada apreciativa desde la ventana de la otra persona... 299
SÉPTIMA PARTE..309
Apreciar lo que tienes. 309
   La adaptación hedonista.. 309
   Felicidad hedónica y felicidad eudaimónica................ 317
   ¿Afortunado por ganar la lotería? 323
Apreciar lo que hay. 329
Apreciar y honrar quien ya eres. 333

Transitar a través del SER que eres. 335
La tendencia actualizante del SER que eres. 341
Eleva la mirada apreciativa del SER que ya eres. 347
Reflexiones finales. 351
Bibliografía. 353
Acerca del autor. 359

Sawubona. El poder de SER apreciativo.

Agradecimientos

Este libro me da la oportunidad de compartir mis más sentidos agradecimientos a aquellas personas que me han acompañado en la concepción, gestación y nacimiento de este libro y sobre todo han estado y están a mi lado en la aventura de vivir.

Quiero empezar con mis padres que me pusieron en el camino de la vida y con sus muestras de afecto incondicional me han enseñado que el amor es la ruta por seguir. Gracias por estar siempre ahí Núria y con tanta sabiduría y cuidado me acompañas en mi camino. A ti Carlos por motivarme a emprender la aventura de escribir y ayudarme a seguir creyendo en mí en los momentos de mayor flaqueza. A Yolanda por aprender a caminar juntos desde el amor y apoyo incondicional, apreciando cada momento e instante vivido y por vivir.

A Juana que, con vivo entusiasmo, profesionalidad e importantes dosis de paciencia, has sabido poner en orden el material de este libro: Sawubona. Gracias a ti ha sido posible.

A Sergi que en tu forma tan natural y espontánea de mostrar quién eres, me inspiras cada día a SER más quien ya soy.

Sawubona. El poder de SER apreciativo.

Prólogo

Siempre he pensado que las cosas te llegan en el mejor momento. Con esta frase me delato como un ser positivo, en ocasiones en extremo. De alguna manera creo que todo pasa para mi bien.

Sin embargo, como casi toda la humanidad durante el confinamiento y los meses que le siguieron me enfrenté a un proceso de redescubrimiento. ¿Quién soy en realidad?, ¿Podría evitar terminar viviendo debajo de un puente?, ¿El mundo se va a acabar? Llegó el momento en que el tanque del pensamiento optimista se fue a pique y tuve una reacción alérgica a los mensajes empalagosos que nos abrumaron en ese instante. El terror ante la pandemia nos llevó a una sobredosis de frases infames del tipo: De esta saldremos mejores. Todo es cuestión de actitud. El único límite es tu mente. Es simple: ríe, vive y sé feliz. No puedes rendirte, si te rindes eres cómo los demás. Eres lo que logras. No debes tener una mente negativa. Y este ser de luz que, en el día a día, dispara arcoíris tuvo una crisis seria porque sentía que me estaba envenenando con mensajes de esta índole.

A fin de lograr salir adelante hice una valoración de mis talentos con Gallup y descubrí una chuleta para gestionar mi vida. Los talentos son una maravilla en tanto los tienes controlados, pero cuando dejas que se adueñen del territorio te enfrentas al monstruo de las siete cabezas. En términos generales, es un placer tener cerca a personas positivas. Aquellas que poseen un entusiasmo contagioso, son generosas en el elogio y que pueden estimular a quienes los rodean a ser más productivos, celebrar cada logro y a sacar la mejor versión de si mismos. Estoy convencida de que algún talento positivo fue el que se inventó la nefasta medalla por participar.

Sin embargo, el mundo funciona con pesos y contrapesos. Cuando la positividad se sale de control puede ser nefasta al punto de hacer perder el contacto con la realidad, conducirte a ti o a otros al engaño, a ser superficial en el análisis. En últimas, puede llevarte a estrellarte contra el mundo porque no importa si te lanzas al vacío, al final todo saldrá bien y puede ser que no. Es posible que a los bomberos con el colchón de salto les haya detenido el tráfico en el camino y, en consecuencia, sea imposible tu rescate.

En medio, de mis disquisiciones personales llegó a mis manos este libro de Damàs que me permitió modificar el marco de mi pensamiento. ¿Has visto esos haces de luz que se filtran en ocasiones en el cielo y que te llevan a pensar que hay esperanza? Pues esto me pasó al entender que el positivismo puede ser tóxico cuando abandonamos el control en sus manos sin justificación, solo porque es más agradable huir a la responsabilidad y dejar todo en poder del destino. Cuando nos cerramos a la realidad porque es más bonito suponer, sin prueba alguna, que nosotros solo atraemos cosas buenas. Y ahí está el punto, definir qué son esas cosas buenas.

Siguiendo el ejemplo de Damàs voy a contarte una historia. Las Farc secuestraron a mi papá en 1995 y esta fue una de las mejores peores cosas que han sucedido en mi vida. Se cae de su peso que habría preferido que ni mi padre, ni mi familia, ni yo hubiéramos atravesado por esta situación tan nefasta. Durante treinta y un días nuestros pensamientos se centraron en el miedo y el odio. A nosotros nos sonrió la suerte, lo rescató el ejército, volvió a casa y tuvimos cuatro años más para disfrutar de él antes de su muerte. Gracias a ese campanazo en forma de secuestro me di cuenta de algo que debió ser evidente desde el principio, todos vamos a morir y hoy podría ser nuestro último día juntos. Al secuestro y el rescate les debo que durante los cuatro años finales de su vida mi papá y yo construimos una relación aún mejor. Me sirvió para, a través de los ojos del secuestrado, transformar mi mirada y resignificar lo que hasta entonces entendía por realidad e incluso me llevó a la magia del perdón. Veinticuatro años más tarde, esa experiencia me llevó a escribir mi primera novela *5.749 días* que fue seleccionada como una de las diez finalistas del Premio Planeta 2019. Hoy, gracias a Sawubona, entiendo que supe apreciar lo que tenía y sacar el mejor provecho de mi experiencia. Más allá, al comprender el mecanismo de valorar lo negativo y lo positivo en su contexto podría repetir el modelo en otras circunstancias.

La lectura de este libro me ha invitado ante todo a apreciar lo que hay, lo que tengo y lo que soy. Me lleva a un punto en el que puedo guiar mi talento positivo de tal forma que no excluya pensamientos negativos o positivos, sino a tomar control sobre ellos.

Bienvenido a una experiencia iluminadora que espero te aporte tanto como a mí.

Juana Sánchez Ortega
Escritora y Arquitecta narrativa

Apreciados lectores:

"La gran mayoría de nosotros ponemos mucho más énfasis en encontrar defectos que en encontrar amor. Siempre tenemos la alternativa de buscar defectos o encontrar amor. El que se dedica a lo primero, se centra en lo que anda mal y en lo que falta. Ese centro de atención muestra critica, juicio y cólera".

Wayne Dyer

—¿Qué es lo que os llama más la atención de la siguiente tabla de multiplicar del 9? —preguntó un profesor mientras anotaba en la pizarra.

9 x 0= 0
9 x 1 = 9
9 x 2 = 18
9 x 3 = 27
9 x 4 = 36
9 x 5 = 45
9 x 6 = 54
9 x 7 = 63
9 x 8 = 72
9 x 9 = 81
9 x 10= 91

Al terminar de escribir los últimos números, se escucharon risas en el aula por la equivocación del maestro.

El profesor esperó a que la clase quedase de nuevo en silencio y fue entonces cuando comentó:

—Mi error ha sido voluntario y el propósito es que os deis cuenta de cómo nos solemos comportar. Podríais haberme felicitado por los nueve aciertos, en cambio, os reísteis de mi error —tras un breve silencio, prosiguió—. Es importante que apreciemos, nos felicitemos y celebremos los aciertos de los demás y de los nuestros propios.

» Hacedlo sin perder de vista la importancia de enmendar vuestros errores, pero no os quedéis juzgando esos fallos, como en la multiplicación equivocada y recuerda observar tus aciertos, el resto de las otras nueve operaciones —respiró profundo y añadió—. También es importante, que aprendas a valorar tus éxitos, valorarte por lo que eres, por lo que haces y por lo que posees en cada momento y circunstancia".

De esto, va el libro que tienes en tus manos.

Al igual que los alumnos de la clase del sabio maestro, así fue el entorno en el que en mi niñez y adolescencia me moví, en términos culturales.

Era un ambiente, basado fundamentalmente en la crítica, el juicio, las quejas, la culpa y lo negativo, como forma de motivar y de ayudar a los demás, para dar lo mejor de sí mismos y así conseguir cambios y progresos deseados o esperados.

Esta ha sido la forma que en gran medida aplicaban en mí, quienes me han acompañado en mi crecimiento como persona y en mi formación y aprendizaje. Entendían que esta era la manera más adecuada para sacar lo mejor de mí en cada momento y etapa de mi vida. Todos ellos y todas ellas, personas muy bien intencionadas que, desde su afecto y amor, entendían o malentendían, que la mejor forma de acompañarme en mi camino de aprendizaje personal y profesional era centrarse en los errores, en lo negativo, en lo que no hacía con corrección, en los "debes hacer/debes ser" o "tienes que hacer/tienes que ser". Un contexto centrado en las carencias, lo que no tenía o lo que me faltaba.

Esta propuesta me resultó útil y de ayuda en algunas ocasiones puntuales, pero no lo fue en la mayoría de los casos.

Esto ha sido así, hasta el punto de que me convertí en una especie de correa de transmisión de esa cultura, educación y forma de crecer y avanzar por la vida, de tal manera, que así me lo aplicaba a mí mismo y también a los demás.

Transcurridos los años, y moviéndome de un extremo al otro, como lo hace el péndulo de un reloj de pared, me iba acercando a propuestas con planteamientos muy contrarios a los que fueron en su origen los míos.

Puedes reconocerte y ser reconocido por los demás, como una persona observadora de lo negativo y lo que no va bien, lo que no funciona y, al mismo tiempo, te consideres y seas definido por ello, como una persona realista o en algún caso pesimista. Es posible, que tu capacidad de observar con mayor objetividad las situaciones que experimentas te haga ser capaz de *"ver las cosas como son"*, es decir, de no negar la realidad, lo que hay.

Por otro lado, quizás te cueste soñar y no te des permiso a detenerte a ver, la situación, las circunstancias o incluso las personas, desde un marco más positivo.

Quizás, no entiendas o digan de ti que no comprendes, la importancia de confiar en algo mejor, en un futuro superior y creas que es más rentable, *"estar con los pies bien firmes en el suelo"*, en contacto con la realidad.

Bajo esta perspectiva, te puede suceder que en algunas ocasiones andes perdido con ese único foco, "tu foco", y necesites de una mirada más positiva que lo complemente.

Pudiera ser que lo que te sucede, sea más bien lo contrario, es decir, que hayas crecido en un ámbito propenso a mensajes de positividad, donde se cultivase el optimismo y recibieras constantes ánimos y señales positivas que te infundieran, estados habituales de alta motivación e ilusión.

En este caso, es probable que, hoy en día, estés reproduciendo estos esquemas y tengas tu foco orientado a los aspectos más positivos, pudiendo dejar de lado, enfoques de la realidad que merezcan también de su observación y análisis, pero puedan pasarte como inadvertidos.

Suele suceder, que nos movamos en virtud de una de estas polaridades: positivo-negativo, optimismo-pesimismo, aciertos-errores, éxito-fracaso.

Es probable, que tu foco de atención gire y se decante alrededor de lo positivo o lo negativo, los aciertos o los errores y las virtudes o los defectos, inclinándote más por una posición que por la otra.

Sea cual sea tu origen y postura actual, ahí donde estés y con lo que estés, es probable que habiten en ti, dudas y contrariedades que te lleven o te hayan conducido a reflexionar, sobre tu propia posición preferente.

En conclusión: Algo puedes estar perdiéndote, observando el mundo desde única perspectiva, estrechando tu campo de consciencia a una de las dos opciones-polaridades.

Podrás a lo largo de la lectura del libro, reconocerte y observarte en alguna de esas contrariedades en las que puedas encontrarte, y considerar incorporar aquellos elementos de una u otra posición.

El resultado puede ser incluir, a tu actitud de tendencia positiva, aquellos elementos que son propios de un pesimismo o bien al revés, si tu postura la consideras más cercana a lo negativo, puedes incorporar en tu hacer y ser, características más propias del optimismo.

La forma en la que extraerás lo mejor de la lectura del libro, es a través de tu propia reflexión, y desde esa consideración, tomar lo que entiendas que, en cada momento y capítulo, puede ser más útil para ti.

Este libro propone el camino apreciativo como propuesta integradora que, pudiendo ser o no tu camino a seguir, pretende destilar ideas del tipo optimismo y pesimismo, positividad y negatividad, éxito y fracaso, errores y aciertos, etc., que habitan en todos nosotros y son en ocasiones, vividas y expresadas desde cierta contrariedad.

Vas a ser tú, quien a lo largo del viaje que representa la lectura de este libro, va a valorar y considerar lo qué quiere conservar, incorporar o dejar ir, en el equipaje que ahora traes y la forma en la que puede servirte como elemento correctivo y sobre todo integrador.

La perspectiva apreciativa que te ofrezco es una revisión de la propuesta apreciativa que originalmente me fue trasmitida en su momento y que aquí pongo a tu disposición, para tu disfrute y aprecio.

PRIMERA PARTE

Introducción.

"Llega el momento en que es necesario abandonar las ropas usadas que ya tienen la forma de nuestro cuerpo y olvidar los caminos que nos llevan siempre a los mismos lugares. Es el momento de la travesía. Y, si no osamos emprenderla nos habremos quedado para siempre al margen de nosotros mismos".

Fernando Pessoa

Ese movimiento pendular que experimenté, cuyo punto inicial fue esa cultura de la crítica, los errores, lo que falta, lo negativo, etc., me llevó a la indagación apreciativa, como forma distinta e innovadora de afrontar las situaciones que vivimos.

Esta nueva teoría, método y filosofía, basa sus principios en la psicología positiva y pone su foco de atención en aspectos y características favorables a las que solemos ignorar.

Se focaliza en las fortalezas, las mejores realizaciones y prácticas de las personas. Se centra en lo positivo y lo que puede llegar a ser.

Es una invitación a explorar y descubrir lo más valioso y significativo que tenemos y somos como personas. Utiliza un lenguaje positivo que se orienta a las soluciones y las posibilidades y se focaliza en lo que se ha dado a conocer como la "mirada apreciativa".

No plantea, por ejemplo, renunciar al buen uso de la crítica o feedback o negar u ocultar los errores como parte de nuestro aprendizaje. Confucio ya nos advierte de las consecuencias de eso: "Un hombre que sabe que ha cometido un error y no lo corrige, está cometiendo otro error".

La mirada apreciativa, que aquí te ofrezco, es una propuesta que nos lleva a un cambio de paradigma. Sin dejar de vislumbrar lo que denominamos "lo negativo", pone su foco de atención en la observación y aceptación de lo que hay, lo que llamo a lo largo del libro y va a ser lo habitual para el lector o lectora, la apreciación de lo que hay, de lo que tienes, de lo que haces y, sobre todo, de quien ya eres.

La mirada apreciativa representa un nuevo paradigma y hábito que nos lleva a una forma de vivir y relacionarnos con los demás y con nosotros mismos.

Así nos lo expresa el psicoterapeuta canadiense Nathaniel Branden especialista en la psicología de la autoestima, cuando dice que: "La gente siempre habla de lo difícil que es aceptar los propios defectos; alguien tendría que hablar de lo difícil que es aceptar nuestras virtudes".

Este es el cambio que propone la apreciatividad que nos lleva a aceptar y apreciar nuestras virtudes como la base de nuestro camino de desarrollo, tanto personal como profesional o de otra índole.

Entender esta propuesta puede resultarte un poco costoso, sobre todo si las referencias que has podido tener en tu desarrollo personal han estado centradas en lo negativo y en los defectos. Si este es tu origen, es posible que te cueste mirar la parte positiva de las experiencias desagradables o no deseables, que estés viviendo.

La curiosidad que despertó en mí, la apreciatividad, me llevó, en un primer momento, a querer conocer en profundidad sus características y elementos básicos, para más tarde, estudiar sus fundamentos y explorar sus múltiples posibilidades.

Este camino de investigación me llevó a conocer al creador de la indagación apreciativa David Cooperrider, en el año 2012, en la Universidad Case Western Reserve, en Cleveland, Ohio (Estados Unidos).

El deseo de profundizar en el conocimiento y aprendizaje de la apreciatividad me estimuló a realizar un trabajo de tesis doctoral relacionada con el tema, que había iniciado años antes y que culminó en el 2015.

La apreciatividad es aplicable a las personas, en su esfera tanto personal como profesional, a grupos de personas, así como a diferentes tipos de colectividades y equipos de trabajo, organizaciones, administraciones y organismos del mundo educativo, del deporte, del ámbito de la salud y social, así como asociaciones y comunidades, entre otros.

En este libro, me voy a centrar en la apreciatividad como un camino a andar y avanzar en el desarrollo personal, en particular estimado lector y lectora, en tu desarrollo personal.

Entremos en materia: Lo primero va a ser, comprender el significado de apreciatividad y de la mirada apreciativa.

Apreciar algo o alguien es mirarlo, observarlo, tenerlo presente, desde un lugar elogioso que se centra en su esplendor, en su belleza y en su grandeza.

La apreciatividad guarda relación también con la apreciación o estimación a lo que tiene la persona, el "tener", como las cualidades y fortalezas mencionadas, e incluye otras dimensiones como el "hacer" y que alcanza al "ser".

Apreciar es ver, y es algo más que un simple ver, sobre todo cuando hace referencia a una mirada apreciativa hacia ti u otra persona.

Apreciar es reconocer tu existir, tu SER. Peter Senge nos ofrece un excelente ejemplo cuando en su libro *La Quinta Disciplina,* nos habla de la forma más común de saludarse en las tribus del norte de Natal, Sudáfrica, equivalente a nuestro *"hola"*. La expresión que utilizan es *Sawubona* que viene a significar "te veo" que a muchos nos puede hacer recordar al saludo que se dan los protagonistas, en la película del director James Cameron, *Avatar*. Al parecer el orden del diálogo es importante pues mientras no me hayas visto, no existo. Es como si al verme reconocieras mi existir, mi presencia, mi SER, en definitiva, me APRECIAS

Sawubona. El poder de SER apreciativo.

Primera Parte. La dicotomía entre lo positivo frente lo negativo.

La dicotomía entre lo positivo frente lo negativo.

> *"En el cielo no hay distinciones entre este y oeste.*
> *Somos nosotros los que creamos esas distinciones*
> *y luego pensamos que son verdad".*
>
> Buda

Creí resolver, con el descubrimiento de la apreciatividad, mis dudas y contrariedades, pero diferentes circunstancias desvelaron que, sin darme opción a escapatoria alguna, lo que creía tener por cierto, no era así o no era del todo así.

Lo que, además, me hace considerar ser mucho más cuidadoso, con lo que hoy mismo pueda estar tomando por evidente.

El camino emprendido me llevó a revisar y repensar lo sabido, y también a reaprender y aprehender lo no conocido. Todo ello, me ha servido para resolver y clarificar buena parte de las contrariedades aprendidas.

Y así se inició este camino…

A finales del mes de marzo de 2019, tenía un vuelo con destino Sevilla a las 8.45 horas de la mañana para impartir una formación a futuros coaches. Es una ciudad a la que me encanta viajar porque siempre he sido muy bien acogido. Me levante algo indispuesto y pensé que tal vez era el efecto de una noche breve de sueño, al tener que levantarme temprano para que no me dejara el avión.

Al llegar a Sevilla, noté que esa incomodidad persistía en mí. Me dirigí al hotel donde suelo hospedarme cuando voy a Sevilla y, tan pronto tomé habitación, fui a una farmacia, situada en la cercanía. Los síntomas eran de anginas, pero no había fiebre, ni resfriado. Lo que era evidente era un cierto malestar con origen en la garganta. No recuerdo con exactitud que me ofreció la farmacéutica, aunque si sus palabras:

—Esto le va a tener en calma durante el fin de semana —lo que duraría la formación—. Le aconsejo que, de todas maneras, visite cuanto antes a su médico.

Y así lo hice. La semana siguiente, aunque con apenas dolor y si con un leve malestar en la garganta, visité a mi doctor habitual que me hizo una exploración física y observó una hinchazón en la parte derecha del cuello. Me recetó un medicamento, continuaba sin fiebre, ni dolor, aunque si cierto malestar. Me sugirió que, si no tenía mejoría en los próximos siete días, concertara otra visita.

Una semana después, volví a ver de nuevo a mi médico. Me realizó una ecografía de la que no pudo sacar ninguna conclusión relevante o concluyente. Decidió entonces, derivarme a otros profesionales y fue a partir de ese día, que se sucedieron un periplo de visitas a diferentes especialistas.

Me vi sometido durante un mes a diversas pruebas, que se iniciaron con dos tomografías computarizadas (TC), una resonancia magnética (RM) y una biopsia de la amígdala. El mensaje que en todo momento se me transmitía era: "necesitamos explorar más" Mi diálogo interno era: "Esto no pinta nada bien".

Días después de la última prueba, tenía cita con el equipo médico para conocer el resultado de los exámenes. Entre la bruma del miedo, lo que recuerdo de ese día con suma perfección, es estar sentado frente al primer médico que me atendió, que apenas me observó al entrar y sin levantar la mirada de la pantalla de su ordenador, sentenció: "Tiene un tumor". A continuación, me enseñó en su monitor la imagen de esa masa intrusa. Me estaba presentando al que iba a ser durante un tiempo mi compañero de viaje y no tenía, para nada, el gusto de conocerlo.

La muestra de biopsia y los diferentes informes revelaron que había un positivo para cáncer de amígdalas. Ese "positivo" en realidad tenía un significado más bien "negativo", y de forma más bien paradójica, lo positivo que reflejaba el resultado, no tenía el significado favorable que yo siempre había vinculado a la palabra. Fue el primer toque de atención sobre lo que es o no es "positivo".

La visita inicial al cirujano la hice en compañía de mi primer médico. Al entrar a su despacho lo encontramos rodeado de estudiantes y, a bocajarro, soltó:

—¿Es usted la persona con cáncer de amígdala?

La respuesta afirmativa de mi acompañante fue seguida de un silencio ruidoso. El cirujano revisó entre sus papeles y se dirigió a mí. Esta vez si, haciendo uso de mi nombre me indicó que tomara asiento y abriera la boca para hacer una exploración. Mostró la imagen que se reflejaba en la pantalla dando explicaciones al grupo de estudiantes, con una jerga y detalles médicos, que no entendía, ni me interesaban.

Una vez terminada esta nueva presentación, se sentó frente a mí para traducir a profano lo que había explicado a sus residentes. Lo que guardo con más intensidad en mi memoria, fue el final de la conversación.

—¿Y qué hago ahora? —pregunté.

—Vida normal —Con esas dos palabras cerró el diálogo y terminó la visita.

Una respuesta difusa. A lo largo de mi proceso la recordé en numerosas ocasiones sin poder darle un significado verdadero y profundo. ¿Qué podría ser "llevar una vida normal" en estos momentos en mi existencia?

Semanas después, encontré, entre las muchas lecturas que hice durante esta etapa inicial, otra frase que permaneció resonando continuamente en mi cabeza. Era una recomendación de la *American Medical Association*: "El médico también debe consolar las almas. Esto no es en modo alguno competencia solo del psiquiatra. Es, total y absolutamente, tarea de todo médico dedicado a su profesión".

La noticia supuso un choque emocional importante. El estado inicial de shock dio paso al miedo, la incertidumbre y la ansiedad. Mi vida se rompía en pedacitos. Se había roto el puzle que tenía montado y ahora era imperativo montar uno nuevo, sin disponer de una imagen de guía, como referencia para poder ir juntando las piezas.

Lo curioso del caso, no sé si "curioso" es la palabra que mejor lo define, era que días después, realice un taller basado en la "gestión positiva de nuestras relaciones" para el equipo oncológico de un hospital público a las afueras de Barcelona.

No dejaba de tener todo lo que estaba viviendo para mí, persona interesada en la apreciatividad, un punto caricaturesco, irónico y punzante a la vez.

Una vez conocido el diagnóstico, le siguió el tratamiento a llevar a cabo, con sus sesiones de radioterapia y quimioterapia. La acción de las terapias de radio-quimioterapia conllevan una serie de efectos secundarios y secuelas. Estos procedimientos actúan destruyendo las células cancerígenas y al mismo tiempo arrasan también con células y tejidos sanos con efectos secundarios a nivel físico y psicológico.

Así pues, lo positivo del tratamiento era la eliminación de lo negativo, el tumor. Lo negativo de ese tratamiento positivo era que exterminaba también células sanas. Lo positivo y lo negativo, rondaban por mi vida con una intensidad que me resultaba muy difícil de manejar.

Algo que llegue a saber y desconocía, y que me llevó de nuevo a este juego de positivo-negativo, es que algunos pacientes superan el cáncer, pero les sobreviene la muerte, por no sobrepasar los efectos secundarios concomitantes.

Durante ese tiempo, tuve conocimiento de diagnósticos tardíos de cáncer que no llevaron a una curación.

No sabía, y creo que no soy el único, que en el 2020 íbamos a padecer la pandemia de la Covid-19, lo que supuso retrasos en pruebas de diagnóstico de cáncer, dificultades en los tratamientos, aislamiento de los enfermos sin recibir visitas en el centro médico o en casa, citas solitarias sin acompañamiento a los hospitales, etc.

En mi caso, la diagnosis a tiempo de la enfermedad facilitó su tratamiento y la curación. Tuve la suerte de que este proceso se produjo en el 2019, con anterioridad a la Covid-19.

Una vez más, me asaltaba una nueva reflexión en torno a lo positivo frente a lo negativo, que chocaba con lo que hasta ese momento conocía sobre la gestión de lo negativo y las bondades de lo positivo.

Estaba experimentando de primera mano, lo que significaba pasar por un proceso de este tipo y se tambaleaban muchos de los cimientos sobre los que me sostenía hasta entonces. Una parte de estos pilares era lo que hasta ese momento había supuesto mi forma de trabajar desde lo positivo. No todo lo que con anterioridad sabía y aplicaba, me resultaba útil y algunos aspectos que no había tenido en cuenta en el pasado, ahora reclamaban de mi atención y estudio.

Una vez finalizado el tratamiento oncológico, siguió el post-tratamiento y deje atrás las visitas regulares al hospital. El efecto fue ambivalente. Por un lado, me liberaba del estrés y ansiedad causados por las citas diarias, pero implicaba quedar por fuera de la vigilancia, control y supervisión médica constante. Despertó en mí: inseguridad, incertidumbre, desamparo y vulnerabilidad. Otra vez la contrariedad entre lo positivo y negativo me perseguía.

Me di cuenta también que los esfuerzos médicos se focalizan sobremanera en la eliminación de esas células tumorales, pero no tanto en la calidad de vida del paciente.

Una vez finalizado el tratamiento, tuve que esperar, tres meses para hacer las respectivas pruebas y conocer los resultados. Lo positivo que me decía a mi mismo fue: he terminado el proceso. Lo negativo: la angustiosa espera del informe final.

En este nuevo período de post-tratamiento me movía sin la red de seguridad que suponía la asistencia hospitalaria. La incapacidad de autogestionarme ante lo que representaba la nueva situación, hizo que me pusiera en marcha en la búsqueda de profesionales y especialistas en diversos campos.

Además, la autopresión era alta. No alcanzaba a gestionar de forma positiva lo que estaba viviendo, a pesar o precisamente por haber estudiado sobre psicología positiva y haber utilizado recursos propios de la misma en mis trabajos profesionales y en el ámbito más personal.

Siempre he tenido interés en aprender de las diferentes metodologías, saberes y conocimientos que pueden ayudar a las personas a saber afrontar mejor las circunstancias difíciles y alcanzar los objetivos que se proponen. La diferencia, en ese momento, era que al aprendizaje lo empujaba la situación actual y, sobre todo, era por completo experiencial y vivido de primera mano.

Primera Parte. La dicotomía entre lo positivo frente lo negativo.

Una vez conocidos los resultados de las pruebas post-tratamiento iniciales, y superada la enfermedad, pase a la situación que se denomina *"superviviente del cáncer"*.

Algunos temores relacionados con la enfermedad y que ya había identificado en mí, se reavivaron en ese momento, como las dificultades para reincorporarme al mundo laboral y el manejo de los efectos secundarios. De nuevo lo positivo y lo negativo me visitaban cogidos de la mano, siempre juntos, tan juntos, que no podía conocerlos y relacionarme con ellos, de forma separada.

También empecé a experimentar la ansiedad y estrés generado por el miedo a una recaída al acercarse las fechas de revisiones y sus correspondientes visitas. Hizo su aparición el síndrome de Damocles, en alusión a una espada que pende de un hilo fino sobre la cabeza de uno y que en cualquier momento puede romperse y caérsele encima.

Sawubona. El poder de SER apreciativo.

La segunda enfermedad como aprendizaje.

> *"Confiar en ti mismo no garantiza el éxito,
> pero no hacerlo garantiza el fracaso".*
>
> Albert Bandura

Fueron momentos que me llevaron a acudir a mi particular kit de supervivencia, que suelo tener muy a mano: mi colección de lecturas para casos especiales.

También fue una oportunidad para incorporar nuevo material que me ayudase a entender lo que estaba viviendo y sobre todo a comprenderme.

Tengo por costumbre subrayar todo aquello que me parece relevante y, en mis circunstancias, varios libros clamaban por una nueva consulta. Me sorprendí por lo que encontraba subrayado, fruto de la primera lectura que hice en su día. Y sobre todo me asombraba por lo que no había subrayado y que ahora me parecía importante.

Me di cuenta de que lo que para mí resultaba relevante en esa primera lectura, era todo lo que tenía un significado positivo, optimista e ilusionante, y dejaba de lado, lo que me parecía, negativo, pesimista o desilusionante, y que, en este momento, me resultaba digno de revisar o al menos de tener muy en cuenta.

Ahora estaba abierto y receptivo, al hilo de lo que experimentaba, a todo el espectro de posibilidades que el libro y su lectura me podían ofrecer y llegar a sumergirme sin más, en lo positivo y en lo negativo.

Lo que antes había pasado inadvertido para mí, ahora ganaba en importancia. Algo estaba cambiando. Alguien estaba cambiando.

El efecto de esta relectura me llevó a incorporar hallazgos en mi kit de libros. Algo me faltaba en el camino que había empezado. Necesitaba piezas adicionales para recomponer el puzle y entre otras cosas, considere que la lectura de nuevos libros podía ser un buen compañero de viaje.

La vida me estaba empujando con una virulencia extrema, sin un destino claro y zarandeando los cimientos de mi existencia personal, profesional y académica.

De entre los libros, que incorporé, el que sacudió, en particular estos cimientos, fue *Sonríe o muere. La trampa del pensamiento positivo* de Barbara Ehrenreich, periodista, ensayista y de formación bióloga.

A Barbara le diagnosticaron un cáncer de pecho y, para ella, fue en sus mismas palabras "el peor momento de mi vida". Se sentía enfadada y furiosa, no solo por la enfermedad y los tratamientos, también por la idea de que la curación dependía de su actitud, que debía ser positiva y percibir que el cáncer era una cosa maravillosa. Además, el miedo y el enfado que sentía por sufrir la enfermedad, no eran aceptables en el contexto social que la rodeaba.

Barbara se dio cuenta, por su experiencia directa y lo que había investigado en otras personas que pasaban por lo mismo, que la idea de sostener una actitud positiva, llevaba al paciente a sentirse culpable, sobre todo por el hecho de no ser lo bastante positivo. Esto es así, hasta el punto de atribuirse, que quizás sea esa actitud suya, con una postura tan negativa, la que de hecho atrajo el cáncer.

En la misma línea se expresan Lorenzo Cohen y Alison Jefferies en *Vida Anticáncer Transforma tu vida y tu salud mediante una combinación de seis elementos clave* al decir: "Una de las fuentes de estrés, realmente sorprendentes, que oigo comentar a los pacientes de cáncer es la presión de familiares y amigos, e incluso desconocidos, bienintencionados. Que te digan simplemente '¡Sé positivo!' o que te despachen con un '¡Esto está superado!' o peor aún, cosas como "He leído que este es fácil de superar", pone presión (estrés) innecesaria sobre el paciente de cáncer, y también puede hacerle sentirse rechazado o subestimado, aunque esto suele ser lo último que deseaba hacer la persona que lo dijo".

Estos autores comentan, al igual que Barbara, la presión que suele ejercerse sobre el paciente en su contexto más cercano e incluso, la carga que el propio enfermo siente con la obligada actitud de ser positivo: "Según el doctor Michael Lerner, que ha estudiado los mensajes sutiles que trasmitimos cuando creemos que estamos dando apoyo y siendo prudentes, decir a una persona con cáncer 'Lo superarás si eres positivo' hace hincapié en el aspecto equivocado".

Este tipo de mensajes forman parte de nuestro imaginario colectivo y los trasladamos a muchas otras circunstancias, en las que, llevados por una buena intención por ayudar a los demás, los lanzamos sin más, pretendiendo conseguir un impacto positivo en la otra persona. El resultado no siempre es el esperado, para sorpresa de quien da el mensaje y desesperación a veces, por parte de quien lo recibe.

Me tocaba ahora, subrayar y no dejar de lado lo que estos autores expresaban en sus libros y, sobre todo, era el momento de reflexionar sobre esos mensajes que tan alegre y positivamente, había trasmitido como abanderado del optimismo y de la visión positiva de la vida.

Algo que me ha hecho reflexionar es la forma imperativa, de obligado cumplimiento, que encierran mensajes del tipo: "¡Sé positivo!" o "Lo superarás si eres positivo" de tal manera que ser positivo, es la condición necesaria para salir de la situación que estás experimentando.

Admito haber sido un fiel transmisor de estos mensajes como un buen representante de la "necesaria" corriente positiva de los tiempos que vivimos. Ahora, me tocaba explorar lo que hay detrás de esa tendencia: qué ayuda y qué no. Lo que hay de beneficioso y lo nefasto en la corriente contraria.

Una de las consecuencias de todo esto, es la fuerte presión que puede experimentar la persona, como así le sucedía a Barbara.

Esta presión estuvo presente en mi caso, en las diferentes fases que vivía y a medida que una etapa finalizaba y se daba paso a la siguiente, la carga seguía latente, aunque vestida de formas diversas.

En la etapa inicial, de detección y diagnóstico, algunas personas me decían: "Tranquilo esto no es nada", "Seguro que es una tontería", "Es simplemente un susto", ...

Ahora soy consciente de la importancia de no insuflar o imbuirme de positividad, en las situaciones difíciles que pueda estar viviendo otra persona o yo mismo.

Lo importante que estaba extrayendo de todo esto, es no hacerme trampas, en virtud de la positividad (también de la negatividad) y por supuesto, a no llevar a lugares de presión o desesperación a otros, seduciéndoles de una bondadosa positividad, que podría resultar no ser tal.

La visión positiva y la confianza en ti mismo, en tus capacidades y recursos, la credibilidad en los demás, puede serte de gran ayuda en muchos momentos de la vida. La clave va a ser, no perder de vista o esconder, el prepararte o estar alerta, a qué la situación puede ir en la dirección no deseada e incluso, admitir y tomar consciencia, que igual las circunstancias ya están yendo en un rumbo indeseable.

El optimismo no debe llevarte a perder la perspectiva de lo que vives, ni alejarte de la realidad. Por tanto, es necesario no hacerte trampas con lo que te sucede, sobre todo si en ese uso inapropiado de lo positivo, pierdes consciencia de la situación y dejas de relacionarte y de mirar de frente, cara a cara, a esa realidad.

Una vez se conoció el diagnóstico e inició el tratamiento los mensajes mantuvieron un tono positivo, aunque con matices que los distinguían de la primera etapa: "Mira el lado positivo", "Todo va a ir bien" ...

Al finalizar el tratamiento y, sobre todo después de conocerse el resultado de las primeras pruebas, inició la etapa de los "debeísmos". Los mensajes eran del tipo: "Deberías estar contento, alegre", "Tendrías que estar agradecido por lo vivido" ...

Ahora soy consciente de que una parte de estos mensajes, bienintencionados sin duda, son el reflejo de la cultura positiva imperante de la que formo parte y que de alguna manera yo mismo he sido una especie de embajador.

En mi caso, todo me resultaba exacerbado, pues mi propuesta de trabajo profesional tiene su base en buena parte en este tipo de actitud, y no era capaz de tener ahora esa disposición hacia mi mismo. Me sentía obligado a manifestar esa postura positiva y era sancionado, sobre todo por mí, por no hacerlo.

Me di cuenta de que la presión u obligatoriedad por esa actitud positiva, era también una parte importante del problema.

Acostumbrado a ver lo positivo de lo negativo, ahora me enfrentaba a repensar lo negativo de lo positivo.

Me costaba, aun lo hace, amigarme con lo que interpreto o vivo como negativo. El primer paso ha sido entender, que más que dejar de pelearme con lo negativo, se trata, de desistir de luchar con la realidad porque es absurdo. Ella siempre vencerá.

No estaba acompañando a alguien en este proceso como hacía en mis trabajos de coach y desde la terapia Gestalt. No estaba realizando ningún tipo de indagación, ni sacando conclusiones sobre la experiencia de otras personas como en mis trabajos de investigación. Lo estaba experimentando en "mis carnes".

Lo que leía, daba sentido a lo que vivía y cuanto más me identificaba e incluso más empatizaba con lo que estudiaba, más me notaba empujado a entender mejor y con más profundidad, la cuestión de la apreciatividad.

Barbara describe la experiencia con precisión: "Está claro que el peso de no ser capaz de pensar en positivo gravita sobre el paciente como una segunda enfermedad". Fue así como tomé consciencia y estuve dispuesto a darle un mejor sentido a la dicotomía positivo-negativo y estaba confiado en qué el camino de reflexión que estaba iniciando podía ser útil a otras personas.

SEGUNDA PARTE

Aprehender lo aprendido y repensar lo repensado.

> *"Aprehender, sí. Primero asimilando los matices y contornos ocultos. Lo húmedo, lo tibio, y si soy afortunado el rumor de tu sangre abriendo zanja en la vida".*
>
> Roberto Obregón

Quiero empezar este capítulo con la siguiente historia del mulá (maestro) Nasrudín, personaje mítico de la tradición sufí:

En ocasiones Nasrudín trasladaba pasajeros en su bote. Un día, un exigente y solemne sabio alquiló sus servicios para que lo transportara hasta la orilla opuesta de un ancho río. Al comenzar el cruce, el erudito le preguntó si el viaje sería muy movido.

—Eso depende tal vez según... —contestó Nasrudín.

—¿Nunca aprendió usted gramática?

—No —dijo el Mula Nasrudín.

—En ese caso, ha desperdiciado la mitad de su vida.

El mulá no respondió.

Al rato se levantó una terrible tormenta y el imperfecto bote de Nasrudín empezó a llenarse de agua.

Nasrudín se inclinó hacia su acompañante:

—¿Aprendió usted alguna vez a nadar?

—No —contestó el sabio.

—En ese caso, ha desperdiciado TODA su vida, ¡¡¡porque nos estamos hundiendo!!!

De igual modo que el viajero al que acompañaba Nasrudín, mi bote también estaba naufragando. Hasta ese momento, lo aprendido me había servido para lidiar con diferentes tipos de situaciones difíciles, pero no sabía nadar en aguas tan bravas y turbulentas.

La experiencia que estaba viviendo me permitía aprehender de primera mano, es decir, aprendiendo a nadar, nadando, lo que, en otras palabras, suelo expresar en mis charlas: "arreglando el avión mientras está volando".

Tenía que ir más allá de lo que, hasta ese momento, había aprendido en el estudio, investigación y mi hacer profesional. Era la hora de rellenar aquellos huecos de ignorancia, que esta experiencia vital me estaba desvelando de forma tan vehemente.

En su día me adentré en el estudio de mi tesis doctoral: *"Repensar la Indagación Apreciativa desde la perspectiva de su plasticidad"*. Ahora era el momento de aprehender lo aprendido, de sumergirme en esas aguas y revisar a partir de la experiencia directa toda la teoría.

Me he dado cuenta de que la mirada apreciativa es una invitación a tratarte con amabilidad, en particular en las situaciones más adversas. En aquellos momentos en que sientes que te has equivocado, en esos instantes en que las cosas no han sucedido según tus expectativas, mientras la vida parece darte la espalda, cuando los asuntos se tuercen, etc.

Este mirar y mirarte con nuevos ojos, te da la oportunidad de sumergirte en un ti mismo, desde un lugar distinto al que quizás no estás muy acostumbrado.

Es un punto sin prisas por marchar, a pesar de las adversidades que puedas estar viviendo.

La positividad parece andar con premura, por darle la vuelta a lo que estás experimentando, y dar un giro lo antes posible de lo negativo a lo positivo.

La propuesta que encuentras aquí, propone en muchos casos, detenerte, parar, observar y tomar consciencia de esa parte negativa, que también llamo realidad en algunos momentos, para desde esa comprensión transitar a algo mejor.

Sawubona. El poder de SER apreciativo.

Segunda Parte. La tiranía del pensamiento positivo y el exceso de positivismo.

La tiranía del pensamiento positivo y el exceso de positivismo.

"El optimista ha sabido educar su mirada para descubrir lo positivo que se asoma a su alrededor".

Rojas Montes

La lectura del libro de Barbara generó en mi, un doble sentimiento pues, por un lado, supuso una buena sacudida a lo que me era hasta ese momento conocido, y por otro, sentí que lo que me comentaba me resultaba muy familiar y próximo.

La experiencia que vivió Barbara no le hizo "más bella, ni más fuerte, ni más femenina, ni siquiera más espiritual". Fue una oportunidad de confrontar la impronta ideológica y cultural que representa el pensamiento positivo. De este proceso manifiesta tres críticas significativas:

- Nos anima a negar la realidad.
- Nos obliga a someternos con alegría a los infortunios.
- Nos lleva a sentirnos culpables por lo que nos trae el destino.

A lo largo del libro, trataremos estas cuestiones, con preferencia al primer punto: la negación de la realidad.

Las diferentes lecturas me hicieron darme cuenta de las razones por las que, en algunos contextos, personas y ciertos momentos vitales, la idea de positividad no es bien recibida, no es entendida con acierto o no es correctamente aplicada.

Respecto al optimismo y la positividad, no parece claro y evidente que mostrarse esperanzado en todo momento y circunstancia, sea lo más saludable y por tanto lo más preferible.

Tampoco parece nada desdeñable, que en el camino que supone vivir y en los momentos de dificultades, carguemos en nuestro equipaje, confianza y optimismo para sobrellevar mejor la situación.

Así mismo, no parece claro y evidente, que despreciar lo negativo sea malo Puede ser incluso saludable mostrarnos o tener, en algún grado, una mirada pesimista para, sobre todo, detenernos un segundo a prestar atención a la realidad que emerge en cada momento.

Durante largo tiempo viví sin ver, sin escuchar y, en definitiva, sin prestar atención, a la aparición de voces críticas con la positividad, el pensamiento positivo y el optimismo.

Era momento, de abandonar la ceguera ante lo que estaba aconteciendo y la sordera frente a quienes me invitaban a reflexionar en torno a cuestiones relacionadas

> Segunda Parte. La tiranía del pensamiento
> positivo y el exceso de positivismo.

con el ser positivo y, sobre todo, con el tema central de mis trabajos académicos y en mi hacer profesional.

Sawubona. El poder de SER apreciativo.

La reflexión crítica.

> *"No se puede detener las olas, pero se puede aprender a surfearlas".*
>
> Jon Kabat-Zinn

La esencia y fundamentos de la psicología positiva se asientan en el rigor que tiene el estudio y la investigación científica, de aquellos factores que influyen favorablemente en nuestra salud y bienestar subjetivo, en el funcionamiento pleno y óptimo.

Las críticas dirigidas al pensamiento positivo y psicología positiva las he tenido en cuenta en su conjunto. De esta manera, me he alejado del rigor que supondría un trabajo de calado más científico.

Este análisis y revisión de la psicología positiva, me ha llevado a entender la apreciatividad y a repensar mis conclusiones anteriores. El resultado es una perspectiva más amplia del concepto.

El método propuesto por la psicología positiva tiene una complejidad y profundidad, que no existe en el pensamiento positivo. Es en esa simplicidad, donde reside el atractivo y a su vez, el peligro de este razonamiento.

En realidad, es muy golosa la idea de que con ciertos remedios o pócimas mágicas que envuelven ciertas recetas o técnicas positivas, vas a resolver, sin más, tus dificultades.

No es que los pensamientos optimistas, no sean buenos, saludables y deseables, ni que ciertas técnicas tengan su lugar, su función y su momento, es la creencia que, incorporando, sin más, esas convicciones, vamos a resolver nuestros problemas.

Es tal, la idea de esa simplicidad que, si no tienes pensamientos positivos y no estás viendo la parte esperanzadora de lo que te está sucediendo, eres poco menos que idiota. Y repito, no quiero trasmitir con ello, lo útil que resultan los pensamientos positivos, sobre todo, frente a su tocayo, los pensamientos negativos.

Si te dan a escoger entre estar en la alegría o la tristeza, la confianza o el miedo, la tranquilidad o la angustia, etc., parece clara tu opción: ser alegre, confiado y tranquilo, y así te prefieren los demás. Esas preferencias y la presión social te llevan a ser arrastrado por lo que se ha dado en conocer como la tiranía del pensamiento positivo, que te empuja e incluso fuerza, a ser optimista y estar de buen ánimo en todo momento.

¿Tienes una taza, imán de cocina, portada de libreta, carpeta, bolsa o cuadro con un mensaje del tipo: "¡Sé positivo!", "¡Piensa en positivo!", "¡Sonríe!, hoy va a ser un gran día"?

Admito tener en alguna de mis tazas para infusiones, mensajes de este tipo y sin ningún genero de dudas, por lo que hay escrito en unas cuantas tazas, soy el mejor padre del mundo.

Nuestro imaginario colectivo tiene ejemplos de frases que pretenden invitarnos a ver lo positivo de una situación negativa como: "A mal tiempo, buena cara", "No hay mal que por bien no venga" o "Cuando una puerta se cierra, otra se abre".

Son invitaciones a observar la realidad, desde un ángulo o perspectiva distinta, que como veremos más adelante, con diferentes ejemplos, puede constituir un buen recurso dentro de lo que, en la psicología positiva y la mirada apreciativa, se conoce como reencuadre, redefinición o reformulación y que, en el capítulo "Pautas a recordar para vivir apreciativamente", llamo repercepción.

Esta actitud parece poco menos que forzada o impuesta y, para muchos, es entendida y sobre todo vivida, como la tiranía de ser positivo, que emerge desde una actual corriente de pensamiento excesivamente positiva.

Es extensa la literatura sobre estudios, investigaciones y experimentos varios, sobre los beneficios del pensamiento positivo y parece claro, que albergar ideas positivas nos puede ser de más ayuda, que estar, todo el día, atrapados en reflexiones negativas o tóxicas.

Quizás hayamos caído, como apunta el filósofo de origen coreano, residente en Alemania, Byung-Chul Han, en un exceso de positividad. Han, profesor de la Universidad de las Artes de Berlín, hace una profunda reflexión en su libro *La sociedad del cansancio*, sobre las consecuencias que tiene este exceso, la cultura del esfuerzo, la autoexigencia, el culto a la productividad y el rendimiento y la competitividad.

Para Han "la sociedad que ha acuñado el eslogan Yes We Can produce individuos agotados, fracasados y depresivos". El exceso de positividad, que refleja el mensaje dominante, e incluso tiránico, de "Tú puedes" está afectando al individuo y a la sociedad en su conjunto. Trastornos, que eran antes poco frecuentes, como la depresión, el trastorno por déficit de atención, la hiperactividad y el síndrome de desgaste profesional o trabajador quemado (*burnout*), entre otras, ahora se han hecho muy comunes.

Al tiempo de estar escribiendo sobre esta cuestión, tuve la oportunidad de ver la película *Loco por ella* que es una invitación a aproximarse a la realidad de la salud mental y que propone una reflexión sobre la idea del *"tú puedes"*.

En la historia de esta película, Adri conoce a Carla, que padece un trastorno de bipolaridad y se queda tan cautivado y prendado de ella, que decide por su propia voluntad, internarse en el psiquiátrico en el que está ingresada.

Adri se registra en la institución y trata de infundirle positividad a Carla con mensajes del tipo "tú puedes". Es tal el grado de confianza y optimismo, que ella decide dejar de lado un tratamiento que necesita y, en consecuencia, debe volver a ser hospitalizada para su recuperación. Es entonces cuando Adri, conecta con la realidad de lo que significa el trastorno de Carla y desde ahí, llegar a aceptar a Carla como ser humano, sin pretender cambiarla.

Un mensaje que tiende a acompañar al "tú puedes" es "Si quieres, puedes" que, en muchos casos, suele ser muy dañino o tóxico, pues lleva implícito como condición para poder: el querer.

Y, ¿quién no va a desear que sea posible estar mejor, cambiar lo que le molesta, resolver cierta insatisfacción o incomodidad?

La frase conlleva que si no puedes, no es porque no puedas, es porque no quieres. Y, uno podría llegar a pensar que basta con querer para poder, lo cual no es lo peor, pues si no lo logras, no es porque no seas capaz, es porque no quieres, lo que puede llegar a desquiciarte.

Hay momentos que deberíamos permitirnos no hacer más, pues ese actuar de más, nos debilita más que nos fortalece, y es la ocasión de renunciar a poner tanto esfuerzo en lo que hacemos, y dejar de lado la frenética hiperactividad en la que vivimos. Abandonar el "si puedo, si puedo, si puedo".

Si no tomamos consciencia de esto, podemos, como dice el filosofo Han, quedarnos sujetos a la exigencia de producción y rendimiento que nos lleva a "hacer más y más" que nos conduce a un "no-poder-poder-más", es decir, un "no puedo poder más", que nos deja exhaustos, frustrados e impotentes.

Como dice Guillermo Borja, en su libro *La locura lo cura. Manifiesto Psicoterapéutico*: "Tenemos que tener la capacidad de decir: hoy no. Es más saludable que transformarlo en nunca. Uno se da el derecho de ser diferente cada día, no en esencia sino en manifestación. No querer hoy, no quiere decir que mañana no quiera".

Cuídate de no ser presa de la tiranía del positivismo, de los "tú puedes", "si quieres, puedes" y date permiso, en el grado que te sea posible a un: "¡HOY NO!"

Algo parecido sucede en el plano emocional. Si, por ejemplo, estamos frustrados o hemos caído en un cierto desánimo, podemos también, darnos el permiso, de no caer en la tiranía del positivismo, y de tener que mostrar de inmediato al mundo, una forzada sonrisa. Tampoco se trata de retroalimentarnos en esas emociones, sino de darnos el espacio para sostenerlas, después liberarnos de ellas y seguir adelante, como veremos en próximos capítulos.

En definitiva, estamos en una sociedad que promueve el hacer y el esfuerzo. Un esfuerzo que incluye estar positivo a fin de alcanzar la felicidad y el éxito y donde no tienen cabida ni el fracaso, ni sentirse mal.

Esta sociedad del rendimiento, marcada por una constante exigencia de superación de uno mismo, produce como dice Han, personas depresivas y fracasadas y con un alma agotada, quemada.

Algunas propuestas de Han, son dar espacio al aburrimiento y al "no hacer". En sus propias palabras: "Todos nosotros deberíamos jugar más y trabajar menos, entonces produciríamos más" y, en mis propias palabras, debemos dejar de ser hacedores humanos y ser lo que somos: seres humanos.

Sawubona. El poder de SER apreciativo.

La positividad puesta en acción.

> *"No canto porque soy feliz,*
> *soy feliz porque canto".*
> William James

El pensamiento positivo adquiere valor y significado, cuando se traduce en una actitud positiva que lleva a la persona a tomar la responsabilidad de llevar a cabo actuaciones benéficas.

Cuando ese pensamiento positivo no se traduce en acciones de la misma naturaleza, se queda en una especie de elucubración. Es cuando más flaquea y todos sabemos, lo difícil que puede sernos, pasar a la acción, y adentrarnos en la conocida zona de disconfort. Nos resulta fácil y cómodo quedarnos estancados de bellos y esperanzadores sueños, que no son acompañados de la acción que se requiere, para su materialización.

La siguiente historia ilustra lo que quiero trasmitirte:

En una ocasión, un discípulo fue a visitar a su maestro montado en su caballo. Al llegar, desmontó, entró en la casa de su mentor, le saludo con una reverencia y le dijo:

—Tengo tanta confianza en Dios que he dejado suelto a mi caballo ahí afuera. Él protege los intereses de los que le aman.

—¡Sal fuera y ata tu animal! —replicó el maestro—. Dios no puede ocuparse de hacer en tu lugar lo que eres perfectamente capaz de realizar por ti mismo.

La idea de que "pensar en positivo" es la medicina que lo soluciona todo o casi todo y la explotación comercial de esa idea, no ha ayudado, ni a la corriente de pensamiento, ni a la psicología positiva, hermanada con la importancia y beneficios que tiene el pensar positivamente.

No pretendo invalidar los conocimientos y el buen hacer de quien conduce conferencias o talleres vinculados al pensamiento positivo, pues en esa misma situación me he encontrado y me encuentro yo mismo hoy en día.

Sin embargo, para algunas personas la primera aproximación puede tener un efecto de suflé. El mensaje inicial posee una apariencia magnífica como la de esta delicia gastronómica al hincharse durante la cocción. Pero si el trabajo realizado en ese momento no viene acompañado de una actividad personal posterior, los efectos pueden desvanecerse con prontitud como sucede con el suflé a los pocos minutos de salir del horno.

Daniel Goleman, Richard Boyatzis y Annie McKee llaman a este suflé, en su libro *"El Líder Resonante Crea más"*, el "efecto luna de miel" queriendo decir con estas palabras, que lo aprendido en estos talleres o charlas, se desvanece al cabo de los 3-6 meses, una vez la persona regresa a sus rutinas antiguas.

Los participantes salen de esos eventos cargados de una alta energía y motivación que resulta difícil de sostener en el tiempo. Mantener el "suflé hinchado" requiere de un trabajo posterior, un proceso, un camino, que muchas veces el individuo quiere realizar, pero tiene dificultades de saber como andarlo. Han dado con claves importantes a resultas de esos talleres o conferencias y, cuando baja el suflé, pueden experimentar más confusión. Lo hicieron todo muy bien durante la actividad, salieron energéticos y positivos, pero no supieron darle continuidad, ni forma en su día a día.

Como dice precisamente Barbara Enrenreich: "Nos enfrentamos a problemas reales, y solo podremos afrontarlos si nos ponemos manos a la obra en el mundo real. Habrá que construir diques, llevar comida a los hambrientos, encontrar remedios y dotar adecuadamente al personal de primeros auxilios. Quizá no todo salga bien a la primera, pero —si se me permite terminar confesando mi secreto personal de la felicidad— podemos pasarlo muy bien mientras lo intentamos".

Este pasarlo bien mientras lo intentamos está relacionado con la mentalidad de crecimiento de la que hablaremos más adelante.

Repensar lo positivo.

> *"Si lloras por haber perdido el sol,*
> *las lágrimas no te dejarán ver las estrellas".*
>
> Rabindranath Tagore

Abordar las cuestiones que nos resultan importantes en nuestra vida desde la simplicidad del "pensar en positivo", lleva a considerar a muchas personas que es una forma de trabajar un tanto superficial. Esto es así, no porque el pensamiento positivo, no sea útil, ni beneficioso, sino que queda como aislado de otros elementos y aspectos que forman parte del complejo camino evolutivo que pueda estar trazando la persona. La psicología positiva no aborda el pensamiento positivo desde una forma aislada, más bien integrada en un todo más complejo y sostenible en el tiempo.

Esto no significa que la psicología positiva no merezca de su propia crítica o revisión, pues en ciertos aspectos, se ha quedado atrapada en algunas de las mismas dolencias del pensamiento positivo.

Si indagamos en los orígenes y primeros pasos de la psicología, podemos entender buena parte de estas cuestiones que hacen flaquear a la actual psicología positiva.

Un aspecto que siempre me llamó la atención en el estudio de la psicología positiva, es su propio nombre y lo que voy a compartir puede resultar incluso ridículo, pero ahí voy.

Por un lado, mi razonamiento era: Si a esta psicología se le califica como positiva, ¿Significa (admito que arrastrado por mi pensamiento dual), que hay otra psicología a la que se le supone negativa, aunque no tenga propiamente el nombre de "psicología negativa"?

De otra parte, la psicología positiva tuvo su origen en un cierto rechazo a los planteamientos de la psicología vigente, en general centrada, por ejemplo, en enfermedades mentales, psicopatologías, trastornos psicológicos y disfuncionalidades. En contrapartida, la acogida y recepción por parte de estos profesionales tradicionales no fue fácil.

En cambio, ha sido lo contrario en el ámbito del público en general, familiarizado ahora con conceptos que se relacionan, acertada o erróneamente, con la psicología positiva. También ha ayudado su lenguaje poco técnico y por la profusión de artículos sobre el tema en la prensa tanto en formato papel como internet, libros denominados de autoayuda y talleres de crecimiento personal.

Todo esto ha favorecido sin duda, a su expansión y difusión y despertado el interés de un gran número de personas, en las esferas personal y profesional, donde ya muchas empresas y organizaciones tienen al bienestar de sus empleados como uno de sus activos más importantes. Uno de los ejemplos, es la aparición de la figura del *Chief Happiness Officer* (director o directora de la felicidad), como persona encargada de mantener un alto nivel de bienestar de los trabajadores.

Gracias a la psicología positiva nos hemos familiarizado con conceptos como autoestima, inteligencia emocional, felicidad, optimismo, autorealización, estado de flujo, fortalezas, bienestar, emociones positivas, apego positivo, creatividad, perdón, gratitud y resiliencia, entre otros.

Sin embargo, el que se hayan convertido en palabras conocidas no significa que las definiciones populares coincidan con las de los expertos. Un cierto consenso en los diferentes términos ayudaría a una mejor y mayor comprensión.

Por otro lado, algunos de estos conceptos no tienen su origen en la psicología positiva, pero parecen llevar su impronta y ser parte de su dominio. Por ello, en ocasiones, se ha percibido como una apropiación "indebida" y puede que involuntaria de estos conceptos.

Si acudimos al campo de la filosofía, nos encontramos con que Aristóteles, ya en su obra *Ética a Nicómaco* hablaba de la felicidad (la *eudaimonia* aristotélica), y los hábitos o virtudes. Me permito equiparar estas virtudes a las fortalezas mencionadas en la psicología positiva, como formas de poder alcanzar lo que Aristóteles llamaba "buena vida". Se encuentran vestigios de psicología positiva también en las obras de Cicerón, Séneca y en el hedonismo de Epicuro.

Es, sobre todo en la psicología del siglo XX y, en concreto, en su rama humanista, donde más se hacen evidentes las raíces de la psicología positiva. Un ejemplo que ilustra esto, es en el propio nombre de piscología positiva, que aparece mencionada en la obra *Motivación y personalidad* de Abraham Maslow.

Abraham Maslow, con el concepto de realización personal o autorealización, y Carl Rogers, con su enfoque centrado en la persona y su visión de que la persona tiene una tendencia innata a la actualización hacia la superación, ejercieron una gran influencia en la psicología positiva y en otras corrientes como el existencialismo y la fenomenología.

Curiosamente, las ideas de estos psicólogos humanistas se enfrentaban con la psicología vigente en ese momento, centrada en las enfermedades y lo negativo, por lo que fueron los primeros en proponer nuevos planteamientos y abordajes positivos en psicoterapia.

Parece que, con el paso del tiempo, la psicología positiva se haya alejado de sus orígenes y surgen algunas voces que reclaman formas más integrativas. Corrientes, como la *segunda ola de la psicología positiva* o *psicología positiva 2.0*, que reconocen el lado brillante y el lado oscuro, exploran la interacción entre lo positivo y lo negativo, y asumen el sufrimiento como parte de la vida. Se indaga en las experiencias traumáticas en su calidad de oportunidades de transformación personal y se rompe con lo que se conoce como la tiranía de lo positivo, es decir, la obligación de ser feliz y ser optimista, en todo momento o circunstancia.

Quizás Carl Rogers ya apuntaba en esta dirección cuando, de forma tan brillante, dijo: *"Me doy cuenta de que, si fuera estable, prudente y estático, viviría en la muerte. Por consiguiente, acepto la confusión, la incertidumbre, el miedo y los altibajos emocionales. Porque ese es el precio que estoy dispuesto a pagar por una vida fluida, perpleja y excitante"*.

En este nuevo enfoque es un pilar importante el sentido de la vida, y es inspiración y referencia, como no podría ser de otra manera, Viktor Frankl.

También se han incorporado las denominadas terapias de la tercera generación. La terapia de la aceptación y el compromiso y la centrada en la compasión tienen aspectos importantes como la aceptación, compasión, conciencia y atención plena, elementos propios también del mindfulness.

El intento por corregir el desbalance de la psicología, que se centra en lo negativo y deja de lado los aspectos más positivos, ha llevado a la psicología positiva hacia la otra polaridad. En consecuencia, no tiene en la debida consideración, el estudio a la par de lo positivo, de esos aspectos negativos que forman parte de nuestra existencia humana.

Ha llegado un momento de madurez para la psicología positiva. Se hace necesario retomar y revisar sus bases y fundamentos enraizados en la psicología humanista, sumar la psicología existencial y la emergencia de nuevas teorías y propuestas del campo de la terapia. Los posibles pasos para dar a futuro son, muy probablemente, su integración en la psicología en un todo unificado o bien crear un modelo propio, más desarrollado y consistente.

Segunda Parte. El optimalista como integración de lo positivo y del negativo.

El optimalista como integración de lo positivo y del negativo.

Lo habitual es ver la cuestión del optimismo-pesimismo a través de los dos personajes principales, el optimista y el pesimista:

"Un optimista ve una oportunidad en toda calamidad,

un pesimista ve una calamidad en toda oportunidad".

Winston Churchill

Aunque puede haber un tercer personaje, el realista:

"El pesimista se queja del viento;

el optimista espera que cambie;

el realista ajusta las velas".

William Arthur Ward

Además del pesimista, el optimista y el realista, al parecer aún hay un cuarto personaje, el oportunista:

"Queridos optimistas y pesimistas:

Mientras os peleáis por si el vaso está medio lleno o medio vacío, me lo he bebido. El oportunista".

Oriol Amat

Pues no está completa la relación de posibilidades que de algún modo combina lo positivo y lo negativo, y resulta que hay dos personajes más: el pesimista defensivo y el optimalista.

Y, ¿Quiénes son estos dos personajes? Las psicólogas Julie Norem y Nancy Cantor en su libro *El poder positivo del pensamiento negativo,* incorporan un nuevo concepto: El pesimista defensivo como contrapunto del optimista. Y, ¿Qué significa ser pesimista defensivo?

De forma resumida, es alguien que, en lugar de prepararse para lo mejor, se prepara para lo peor y esto hace que sea efectivo sobre todo en aquellas situaciones que debe afrontar dificultades y riesgos. Aunque suene extraño, se prepara mental y emocionalmente con miras al fracaso.

Actúa más bien a la defensiva, pero eso no significa que no sea activo. El hecho de prepararse para potenciales situaciones desfavorables le ayuda a prevenir y amortiguar posibles frustraciones futuras, de tal manera que cuando lleguen, el impacto vaya a ser menor. Tener expectativas bajas, le ayuda a minimizar esas frustraciones, y quizás su alegría reside en esa misma decepción como apunta Abraham Lincoln*:* "Mi gran preocupación no es si has fracasado, sino si estás contento con tu fracaso".

Prepara sus emociones con un alto nivel de tolerancia a la frustración. Acepta un grado importante de incomodidad y no niega sus estados de ansiedad, pues forman parte de su preparación.

Quizás lo más motivante para el pesimista defensivo es aprender a fracasar mejor, como señala Samuel Beckett:

Segunda Parte. El optimalista como integración de lo positivo y del negativo.

"Da igual. Prueba otra vez. Fracasa otra vez. Fracasa mejor".

Estas últimas ideas sobre el fracaso se profundizan más en los capítulos de "¡Bendito fracaso!", las "casi victorias" y los "fracasos exitosos".

Un ejemplo de este pesimismo defensivo nos lo ofrece Luis Rojas Marcos en su libro *Optimismo y Salud. Lo que la ciencia sabe de los beneficios del pensamiento positivo*: "Quizá la estrategia a seguir en situaciones inciertas o peligrosas sea esperar lo mejor y prepararse para lo peor".

Por último, nos encontramos con el optimalista, que es un concepto creado por Tal Ben-Shahar, referente en psicología positiva y estudioso de la felicidad. Fue profesor de la Universidad de Harvard (Boston) y en la actualidad lo es de la Universidad de Columbia (New York).

El optimalista representa una mezcla entre el optimista y el realista, que, de alguna manera, es una aproximación al pesimista defensivo. Es alguien que, teniendo una mentalidad optimista, se mantiene en contacto con la realidad. Ben-Shahar llama también a este optimalista, perfeccionista positivo y lo diferencia del perfeccionista neurótico o negativo.

Estos son algunos de los rasgos propios de la persona optimalista:

- Acepta y es consciente de la realidad.

- Acepta las emociones negativas.
- Mantiene una actitud positiva, evita el pesimismo, y pasa a la acción.
- Reconoce y acepta el fracaso, los errores y sus limitaciones, como aprendizajes sin minusvalorarse.
- Es flexible y se adapta con facilidad a la realidad emergente.

Vamos a abordar el primero de estos rasgos, desde la perspectiva apreciativa.

Apreciar la realidad.

"El optimismo que mejor funciona es el que promueve la disposición esperanzada que se ajusta a la realidad".

Luis Rojas Marcos

Me ha venido a la memoria, una situación que viví con un terapeuta gestáltico. Para compartirla, con todo su sentido y significado, la voy a transcribir de manera literal, utilizando las mismas palabras que empleó el terapeuta.

El terapeuta, motivado al verme en un estado de *"elevado y fanático optimismo"*, me dijo algo, que desde entonces tengo grabado en mi memoria:

—Damàs, cuídate mucho de no echarle nata a la mierda.

No entendí, en ese momento, el auténtico mensaje que me quiso transmitir con sus palabras, pero resonaba de manera continua en mi, en muchas oportunidades y circunstancias.

Recuerdo que, comiendo con una compañera terapeuta, le compartí esta anécdota y a la conversación, se unió la camarera del restaurante con este comentario: "A mí, esto me recuerda a aquellas personas, que se me perfuman mucho y no se duchan nunca".

Ha sido en este periodo de reflexión (sobre lo positivo y lo negativo, el optimismo y el pesimismo, los aciertos y los errores y un largo etcétera) cuando he entendido, ahora si, en toda su dimensión y extensión, el sentido de esa frase.

El terapeuta me advertía del peligro de enmascarar la realidad, que percibimos como negativa. Y es que, una de las críticas que suele hacerse a la psicología positiva, y a toda propuesta que en su metodología o en su espíritu, sea afín a esta psicología, es su negación total o parcial de la realidad.

La psicología positiva tiene una tendencia extraordinaria a observar y orientarse hacia lo positivo y, en consecuencia, lo negativo queda en un segundo plano. Esta circunstancia, lleva a algunos a una negación absoluta o casi absoluta de la realidad.

Esa negación de lo real tiene varios significados cuando se vincula con el optimismo. Puede entenderse como optimismo extremo, engañoso, ingenuo y también como optimismo tóxico en tanto es reflejo de una positividad tóxica.

El significado de este tipo de optimismo es un vivir en una exagerada positividad o en una positividad tóxica. Nos hace caer en una clara, o más bien inconsciente, distorsión de la realidad y una negación de los fracasos que experimentamos. En consecuencia, cortamos toda oportunidad

Segunda Parte. Apreciar la realidad.

de aprendizaje y desconectamos de las emociones negativas o desagradables.

Es posible que entendamos que, en el corto plazo, nos beneficiemos por no abordar ni ese fracaso, ni esas emociones desagradables, pero el coste a la larga es significativo.

La idea es que afrontes esta dialéctica entre positivo y negativo, con planteamientos que, fundamentados en la importancia de un vivir apreciativo, no nieguen el valor que ocupa la negatividad, la realidad, en tu caminar por la vida.

Al detenerme a explorar la cuestión de la realidad, lo primero que me viene a la mente es una frase de Byron Katie, autora junto con Stephen Mitchell del libro *Amar lo que es. Cuatro preguntas que pueden cambiar tu vida:* "Cuando discuto con la realidad, sufro".

Estamos en permanente interacción con la realidad. No nos libramos de su sombra. Pero es que, ¿deberíamos escapar? ¿podemos zafarnos de ella?

Joan Garriga nos ilustra sobre esta cuestión, de forma brillante en su libro *Vivir en el alma*: "Todas las personas nos vemos abocadas a un diálogo y confrontación con la realidad, con los hechos que la vida trae. La vida es una relación dialógica entre la persona y los hechos, entre yo y la realidad. El asunto clave es quién de los dos, realidad o yo, es el maestro y quién el discípulo. ¿Quién se subordina a quién? ¿Quién se impone a quien?"

No sé cuál es tu contestación. Tu respuesta marca el camino que llevas o que vas a seguir. Para Joan Garriga "la respuesta es evidente: la realidad es imperativa, mientras que yo sólo puede amortiguar el peso de realidad".

Es esta realidad imperativa, de la que nos habla Joan Garriga, sobre la que se centran las cuatro nobles verdades del budismo.

La primera de estas cuatro nobles verdades es que "la vida es dukkha (sufrimiento)". Para el budismo, la existencia implica dolor, malestar e insatisfacción y todo ello, forma parte de la condición humana y es el problema de nuestra existencia.

Se puede interpretar, de manera errónea, que el budismo, desde la óptica de este sufrimiento tiene una perspectiva negativa o pesimista, pero no es así. No es su propósito evitar ver lo adverso, expresado en ese dolor, ya sea físico (envejecimiento, enfermedad o muerte) o sea mental-emocional(perdida de seres queridos, separación de las cosas y la no obtención de lo que deseamos).

Un primer paso importante es aceptar y reconocer las dificultades de nuestra vida y la presencia de ese malestar o sufrimiento como parte de la propia existencia.

Segunda Parte. Apreciar la realidad.

La postura de negación de la realidad, asumida desde una perspectiva en extremo positiva o cualquier otro enfoque del mismo calado, no es el mejor de los caminos, para nuestro andar por la vida.

Te pueden ayudar las palabras de Pema Chödrön, la primera mujer estadounidense en ordenarse monja budista, que se encuentran en su libro *Cuando todo se derrumba. Palabras sabias para momentos difíciles*: "La primera noble verdad del Buda es que el hecho de sufrir no indica necesariamente que algo esté equivocado. ¡Que alivio! Por fin alguien dijo la verdad".

¿Qué es lo que nos sucede? La respuesta nos la da Pema Chödrön: "Sentimos que el sufrimiento ocurre porque hemos hecho un movimiento equivocado a nivel personal y pensamos que algo está mal".

Quizás esto pueda parecer poco positivo y, por parecerlo, forma parte de la crítica a la extrema positividad que se aleja de la realidad.

La idea de lo positivo que encontramos y experimentamos en la vida, tiene también su aceptación en el budismo, lo que sucede es que incluso lo bueno y agradable es sufrimiento, o no, porque en algún momento terminará.

La idea de lo efímero de las cosas y de nuestra propia existencia, es uno de los puntos centrales en el budismo. Más adelante veremos cómo desde la apreciatividad y, en concreto, a partir de apreciar lo que tengo, podemos abordar esta cuestión.

Se alienta, desde ciertas corrientes positivas, la idea de que la vida puede ser un camino del todo placentero y esto, sería así, si nosotros y la vida fuéramos perfectos.

Pero ¿Qué es lo que nos sucede? De nuevo, Pema Chödrön nos orienta: "Queremos ser perfectos, pero vemos constantemente nuestras imperfecciones y no hay manera de huir de ellas, no hay salida, no hay escape posible".

Nuestras imperfecciones están ahí, acompañándonos a donde quiera que vayamos.

El budismo no se centra en evitar la pena, sino que más bien trata de tomar contacto con la realidad de ese dolor y poder trazar un camino de superación del sufrimiento, que nos acerque a la verdad. El filosofo y escritor francés Albert Camus, que no era monje budista, lo expresa del siguiente modo: "Nadie alcanza la alegría de vivir sin tomar contacto primero con el sufrimiento".

¿Y cuál es el origen de este sufrimiento según el budismo? La respuesta la encontramos en la segunda noble verdad, que dice que la causa de sufrimiento se asocia a los anhelos y deseos. Queremos que la vida sea de una determinada manera y cuando esto no es así, nos decepcionamos y frustramos, por lo que, el origen del sufrimiento no se encuentra en las situaciones o circunstancias que vivimos, sino en la reacción que tenemos frente a ellas. En palabras de Pablo d'Ors: "Solo sufrimos porque pensamos que las cosas deberían ser de otra manera".

¿Cómo cesa ese sufrimiento? Es la tercera noble verdad la que sirve de guía al fin del sufrimiento. La forma para terminar ese sufrimiento es la renuncia a ese deseo o anhelo.

Y, ¿cuál es el camino por seguir? La cuarta noble verdad establece una ruta que al recorrerse conducirá al cese del sufrimiento y que se basa en un conjunto de ocho principios conocido por el Óctuple Sendero.

Estás son las ocho etapas que conviene seguir, sin un orden definido:

- Comprensión correcta
- Intención correcta
- Discurso correcto
- Acción correcta
- Sustento correcto
- Esfuerzo correcto
- Atención correcta
- Concentración correcta

Aprender a relacionarte con la realidad es el gran reto. Eso es lo positivo, de lo más positivo.

Esta es en particular la línea de trabajo de Byron Katie. Su obra se centra en la realidad, lo que es, lo que hay. No hay negación de la realidad, todo lo contrario. Como dice de nuevo Pablo d'Ors: "En cuanto dejamos de imponer nuestros esquemas a la realidad, la realidad deja de presentarse adversa o propensa y comienza a manifestarse tal cual es, sin ese patrón valorativo que nos impide acceder a ella misma".

El aporte de Katie es un cambio de perspectiva sobre esa realidad. Soltar y liberarse de aquello sobre lo que te apegas. En particular, las reflexiones que atormentan y llevan al dolor y sufrimiento. Sostiene que "O bien te apegas a tus pensamientos, o bien indagas en ellos. No hay otra opción".

Byron Katie, según cuenta Stephen Mitchell en la introducción del libro, había entrado en una espiral descendente de rabia, paranoia y desesperación. Pasó dos años por una fuerte depresión que la llevó al final a ingresar en un centro, donde estuvo en una habitación sola, por el miedo que generaba en las otras residentes y dormía en el suelo, pues se sentía demasiado insignificante como para hacerlo en una cama.

Una mañana se levantó sin ningún concepto de quién o qué era: "Ya no existía" decía. Mediante un cuestiona-

Segunda Parte. Apreciar la realidad.

miento interno, había comprendido que todos sus viejos pensamientos eran falsos.

Su método de indagación, basado en el cuestionamiento interno, se centra en las siguientes cuatro preguntas:

1. ¿Es eso verdad?
2. ¿Tienes la absoluta certeza de que eso es verdad?
3. ¿Cómo reaccionas cuando tienes ese pensamiento?
4. ¿Quién serías sin ese pensamiento?

Su indagación cuestiona, la forma en la que te relacionas con la realidad desde tu pensamiento distorsionado y tu reacción, para llegar al SER, con su última pregunta: ¿Quién serías sin ese pensamiento?

Curiosa y sincrónicamente, me encontré con una práctica que propone Pema Chödrön. Consiste en dejar que los pensamientos se vayan y en conectar directamente con la energía subyacente en nuestros momentos de intensidad emocional. Para ello te cuestionas: ¿Quién soy sin esos pensamientos?

Uno de los efectos de estas preguntas es un cambio de marco de referencia muy utilizado en el campo de la psicología y terapia en general, además de la psicología positiva que vamos a explorar a continuación.

Otro efecto es la conexión con el SER que ya eres, que veremos en el capítulo: "Apreciar y honrar a quien ya eres".

Recuerda esta pregunta, como liberación de esos pensamientos que alimentan ese estado emocional y como conexión con tu SER: "¿Quién soy sin esos pensamientos?"

TERCERA PARTE

Los marcos de referencia y la positividad.

> *"Siempre hay algo bello que puedes experimentar, estés donde estés. Mira a tu alrededor en este mismo momento y elige la belleza como centro, algo que es completamente distinto de la atención que normalmente prestas a tantas maneras de sentirte herido, enfadado u ofendido".*
>
> Wayne Dyer

El movimiento heliotrópico.

> *"Lo negativo es sólo el nombre que damos a la menor presencia de lo positivo".*
>
> Antonio Blay

El trabajo que hemos visto de Byron Katie alberga importantes similitudes con la propuesta apreciativa que te presento, además del budismo, pues tienen como eje principal la realidad.

La proposición de Byron Katie supone un cambio de marcos de referencia, que abren la posibilidad de observar la situación desde una perspectiva distinta, más saludable y positiva.

Es importante entender que la base es la aceptación y por tanto la no negación de la realidad. Esto no significa que no podamos dar una visión positiva o saludable a lo que estamos viviendo en esa realidad.

Es algo parecido a una historia que cuenta Pema Chödrön. Siempre que alguien preguntaba a un maestro zen cómo se encontraba, él respondía: "Estoy bien". Al final uno de sus estudiantes le preguntó: "Roshi, ¿cómo puede decir que siempre está bien?, ¿No tiene nunca un mal día?". El maestro zen le respondió: "Claro que sí, pero en los días malos estoy bien, y en los buenos también". Esto es lo que ahora vamos a ver: los marcos de referencia y su importancia para manejar las situaciones difíciles desde contextos más positivos e insisto, sin negar la realidad.

Vemos el mundo según nuestros marcos de referencia que funcionan como lentes a través de las cuales observamos e interpretamos el mundo. Estos mapas se sostienen en nuestras creencias, cultura, educación, contexto y otras variables o circunstancias que intervienen como filtro de la realidad y determinan lo que vemos y también lo que dejamos de ver.

Daniel Kahneman, a quien mencionaré en más ocasiones, en su libro *Pensar rápido, pensar despacio* nos ilustra con este ejemplo: "Italia y Francia compitieron en la

Tercera Parte. Los marcos de referencia y la positividad. El movimiento eliotrópico.

final de la Copa del Mundo de 2006. Los dos enunciados siguientes describen el resultado: "Ganó Italia", "Perdió Francia".

Como señala Kahneman, a partir de la lógica las dos descripciones designan el mismo estado del mundo. Sin embargo, no tienen igual significado pues provocan asociaciones distintas. *"Ganó Italia"* nos evoca la gestión del equipo italiano para llevarse la victoria y *"Perdió Francia"* nos traslada al conjunto francés y lo que le condujo a la derrota.

La Madre Teresa de Calcuta lo tenía muy claro cuando decía: "Nunca asistiré a un mitin anti-guerra. Si dispones un mitin de paz, invítame".

Gerd Gigerenzer, en su libro *Decisiones instintivas: La inteligencia del inconsciente* nos da una explicación y un buen ejemplo: "El enmarcado se define como la expresión de información lógicamente equivalente (sea numérica o verbal) en diferentes formas. Por ejemplo, la madre del lector debe decidir si someterse a una intervención quirúrgica complicada y está reflexionando sobre la cuestión. Su médico dice que tiene un 10% de posibilidades de morir a causa de la operación. El mismo día, otro paciente pregunta sobre lo mismo y se le dice que tiene un 90% de posibilidades de sobrevivir. (...). Si usa un marco positivo, el médico podría indicar al paciente que la operación es la mejor opción. De hecho, los pacientes aceptan el tratamiento más a menudo si los médicos escogen un marco positivo".

El enmarcado o marco de referencia, determina la emocionalidad y también nuestras decisiones y el tipo de acciones a llevar a cabo. En definitiva, la forma en la que está expuesta la realidad o de cómo es observada, determina la dirección que tomamos en nuestra vida.

El siguiente es un experimento que hizo Gerd Gigerenzer, quien además de escritor, es investigador de psicología de la conducta del instituto Max Planck. La experimentación tiene que ver con la cuestión de los marcos de referencia y va más allá del típico ejemplo de positividad del vaso medio lleno o medio vacío.

En su experimento hay, sobre una mesa un vaso lleno de agua y otro vacío. Se pide al participante que vierta la mitad del agua en el otro vaso y seguidamente, se le pide que coloque el vaso medio vacío en el extremo de la mesa: ¿Cuál de los dos vasos crees qué escogieron los participantes, el previamente lleno o el previamente vacío? La mayoría de las personas escogieron el vaso previamente lleno.

Tercera Parte. Los marcos de referencia y la positividad. El movimiento eliotrópico.

Cuando se pidió que los participantes movieran el vaso medio lleno: ¿Cuál de los dos vasos crees qué escogieron los participantes, el previamente lleno o el previamente vacío? La mayoría de ellos eligieron el que anteriormente estaba vacío.

Este experimento nos conecta con el conocido heliotropismo o movimiento heliotrópico de la psicología positiva.

¿En qué consiste el heliotropismo? Es un tipo de reacción que tienen cierto género de plantas y organismos, que les permite moverse en la dirección de una fuente de luz, como puede ser el Sol. Estas plantas orientan sus flores, tallos y hojas, según sea la posición del Sol. El ejemplo típico de planta heliotropa es el girasol, que se mueve de este a oeste durante el día, volviendo a la noche a su posición original.

Barbara Fredrickson, profesora e investigadora de la Universidad de Carolina del Norte en Chapel Hill, afirma que los seres humanos, al igual que ciertas plantas, nos movemos de forma heliotrópica, es decir, como un organismo en búsqueda de la luz del sol.

Las personas tenemos tendencia a desplazarnos en la dirección de lo que nos da vida y energía, huyendo de lo que nos las resta.

El girasol se mueve de forma natural, orientándose al sol que le da vida. No se detiene a pensar en juicios, etiquetas, defectos o carencias.

Es preciso en esos juicios hacia nosotros, los demás y el mundo y en nuestro sistema de creencias, donde esa oscilación heliotrópica queda truncada.

La inclinación a seguir es la del girasol, que conecta con lo que tiene, con lo que hay, con quien ya es y lo hace sin esfuerzo.

El movimiento heliotrópico de nosotros se encuentra en el núcleo positivo, nuestra esencia, que nos mueve en la dirección de lo que nos da vida, energía y nos nutre hacia un vivir apreciativamente.

Desde la perspectiva apreciativa, vamos liberando y soltando lo negativo e incorporando, llenándonos de lo positivo, de la forma natural que sigue el girasol o como dice Wayne Dye el mismo sol: "Si le preguntara al sol: '¿Por qué nos das luz y calor?', creo que me respondería: 'Porque es mi naturaleza'".

Lo que quizás sucede, es que estamos desconectados a nuestra naturaleza, que por si misma, sin esfuerzo, se orienta en torno a lo positivo y en un sentido amplio hacia el amor.

Por un lado, nuestra vida es sufrimiento y por otro, tenemos la capacidad innata de movernos en dirección a lo positivo y dar la mejor respuesta a esa congoja.

Esa naturalidad y ese no esfuerzo, no debe confundirnos con la negación de lo que ocurre a nivel emocional, con la emergencia de emociones negativas, ni de lo que en realidad está sucediendo en las vidas de nosotros que puede no ser de nuestra completa satisfacción.

RETO 1
Muévete hacia lo que te da vida y energía.

Sawubona. El poder de SER apreciativo.

La elección del prisionero 119.104.

> *"Los pensamientos más honorables y de alto nivel son aquellos que sonríen a la realidad y, si se puede, nos llevan a actuar sobre ella, y si no se puede, nos llevan a darle sentido".*
>
> Joan Garriga Bacardí

Los aspectos negativos o no deseados que conforman la realidad o la interpretación que hacemos de esa realidad, no se ignoran en el cambio de marco de referencia, son reencuadrados en un marco distinto. Lo importante es entender que, en el reencuadre, la realidad no es cambiada y, por tanto, los hechos permanecen inalterables. Y podemos, preguntarnos: Si la realidad no cambia y los hechos permanecen inalterables, ¿Qué sentido tiene el reencuadre?

La mejor de las respuestas la encontramos en la experiencia de Viktor Frankl, destacado psiquiatra y escritor, nacido en el seno de una familia de origen judío. Frankl reencuadró sus años que vivió en calidad de prisionero en los campos de concentración nazi. Como nos explica Sydney Rosen: "Mientras la mayoría de los que allí estaban recluidos junto a él perdieron toda esperanza y a la postre murieron, Frankl ocupó su mente pensando en las conferencias que pronunciaría, al ser liberado, sobre sus experiencias en ese sitio. Reencuadró así una situación potencialmente desesperada y mortal, transformándola mentalmente en una fuente de ricas experiencias con las cuales más adelante ayudaría a otros a superar situaciones (físicas o psíquicas) en apariencia desesperadas".

Viktor Frankl no negó en ningún momento la realidad de lo que estaba viviendo: "El realismo nos avisa de que el sufrimiento es una parte consustancial de la vida, como el destino y la muerte. Sin ellos, la existencia quedaría incompleta".

Su propuesta va en la línea del enfoque apreciativo: apreciar en cuanto, a observar y no negar la realidad, y también en términos de dar valor y sentido a lo que se está viviendo.

Lo que hizo Frankl fue enmarcar la situación en un novedoso marco, repleto de un nuevo significado y un mejor sentido. En su libro *El hombre en busca de sentido*, encontramos ejemplos de la realidad de su experiencia: "Mientras esperábamos a ducharnos, nuestra desnudez se nos hizo patente: nada teníamos ya salvo nuestros cuerpos mondos y lirondos (incluso sin pelo)", "Pasados los primeros días, incluso las cámaras de gas perdían (...) todo su horror; al fin y al cabo, (...) ahorraban el acto de suicidarse" y "El cadáver que acababan de llevarse me estaba mirando con sus ojos vidriosos; sólo dos horas antes había estado hablando con aquel hombre".

La lectura de su libro me ha acompañado en distintas etapas de mi vida. En estos momentos, he podido captar detalles que antes pasaron desapercibidos. Me he dado cuenta de algo que está relacionado con el reencuadre y, sobre todo, con el profundo cambio de marco que había hecho Frankl de la realidad, que tanto él como el resto de los prisioneros estaban experimentando.

Transcribo aquí de forma literal un párrafo de su libro, donde podemos observar dos marcos de referencia distintos de una misma situación, la experiencia que vivían los prisioneros en el campo de concentración, a través de los diferentes tipos de preguntas que uno podría hacerse.

El marco sobre el que se movían la mayoría de los prisioneros del campo de concentración: "La principal preocupación de los prisioneros se resumía en esta pregunta: ¿Sobreviviremos al campo de concentración? De no ser así, aquellos atroces y continuos sufrimientos ¿para qué valdrían?"

El marco de referencia de Frankl: "Sin embargo, a mí personalmente me angustiaba otra pregunta. ¿Tienen algún sentido estos sufrimientos, estas muertes? Si carecieran de sentido, entonces tampoco lo tendría sobrevivir al internamiento".

Y añade: "Una vida cuyo último y único sentido consistiera en salvarse o no, es decir, cuyo sentido dependiera del azar del sinnúmero de arbitrariedades que tejen la vida en un campo de concentración, no merecería la pena ser vivida".

Es a través de este marco que Frankl creó la logoterapia, como terapia que ayuda a la persona a encontrar sentido a las situaciones adversas que está viviendo para llegar a alcanzar el sentido de su vida.

Es habitual en Frankl esos cambios de marco como, por ejemplo, cuando dice: "Lo importante no es lo que esperamos de la vida, sino más bien lo que la vida espera de nosotros".

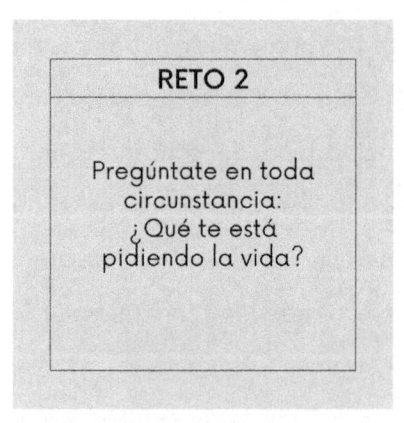

> **RETO 2**
>
> Pregúntate en toda circunstancia:
> ¿Qué te está pidiendo la vida?

Aquí Frankl plantea transitar del marco de "lo que espero de la vida" al marco de "lo que la vida espera de mi".

Para ello Viktor Frankl formulaba la siguiente pregunta: "¿Qué me está pidiendo la vida?"

El cuestionamiento nos impulsa a pasar de una posición reactiva a otra proactiva y, es una invitación más, a la búsqueda de sentido de la situación que podamos estar viviendo y que no es de nuestro agrado.

Esa variación de marco, al que vamos a comentar más adelante como juego de figura y fondo, unido a dar sentido de las circunstancias que vivimos y de una forma, más profunda del sentido de nuestra vida, da mayor consistencia a la idea de incorporar el existencialismo como parte del proceso de cambio y mejora de la persona.

Es una modificación de marco al dar sentido a lo que uno está experimentado. Y, es ahí, donde radica la esencia de este cambio desde la perspectiva que plantea Viktor Frankl.

Noaj Weinberg lo resume de la siguiente manera: "Si no sabes para qué vives, todavía no has vivido".

Sawubona. El poder de SER apreciativo.

El juego Figura y Fondo.

"El verdadero viaje de descubrimiento no consiste en buscar nuevos paisajes, sino en mirar con nuevos ojos".

Marcel Proust

Los obstáculos en la aceptación suelen darse a menudo, por la parte emocional que la situación nos despierta y la dificultad que experimentamos en su abordaje.

La idea de pasar de puntillas o incluso por encima, sin detenernos en la emoción que emerge, puede ser algo muy atrayente, pero es posible que traiga sus consecuencias. Como expresa el psicólogo James Hillman: "El rechazo a enfrentarse a la emoción, esta mala fe del consciente es la piedra de toque de nuestros tiempos de ansiedad. No nos encaramos con las emociones honestamente, no las vivimos de forma consciente".

La mirada apreciativa parte de la aceptación de la emoción, lo que no significa quedarse apegado o atrapado a ese sentimiento emergente, muy al contrario.

El reencuadre comentado antes, es el eje sobre el que gira la apreciatividad, que aquí lo explicamos desde el conocido juego de figura y fondo.

La denominada psicología de la forma estudia al movimiento figura y fondo y es aplicado con suma creatividad y profundidad en la terapia de la Gestalt. Desde la perspectiva perceptual, la figura es aquello que está en el primer plano, y el fondo es el resto. No es posible percibir de forma simultanea la figura y el fondo. La persona centra su atención y conciencia en la figura y puede estar ignorando el fondo. Al focalizar nuestra atención en la figura discriminamos otras cosas que quedan como fondo.

En palabras de Francisco Peñarrubia: "Si consideramos el campo perceptivo como una interrelación de fuerzas, vemos cómo del campo del fondo emerge una fuerza que tiende a ponerse de relieve hasta que ocupa el primer plano: la figura. Esta figura y su fondo (del que es indisoluble) forman una composición o configuración a la que se llama Gestalt".

Podemos relacionar este juego figura-fondo con nuestro mundo emocional. La emoción que nos emerge en este momento se sitúa como figura que toma toda su fuerza y relega a un segundo plano el fondo.

Si no atendemos a esa emoción emergente, esa figura, permanece activa o abierta. Permíteme compartirte algo obvio, que incluso pueda hacerte gracia (eso espero): "Lo que está abierto, no está cerrado y por tanto va a permanecer así, abierto".

Tercera Parte. El juego figura y fondo.

Negar esa figura o no tomar consciencia de ella, significa mantener abierta, dígase activada también, esa emoción.

Lo que resulta clave es el "darse cuenta", es decir, tomar consciencia de que estás prestando atención, lo que está siendo figura, y tener puestos los cinco sentidos a lo que en cada momento emerge en ti, para así atender a lo real, a la realidad.

Se trata de explorar apreciando lo que hay y observar cómo es tu relación con esa emoción, lo que en el ámbito más emocional se conoce como metaemoción.

La metaemoción o emoción de segundo orden, hace referencia a aquellas emociones que surgen a partir de otras emociones. Por ejemplo, te sientes culpable o avergonzado por haberte enfadado con una amiga. La meta-emoción es la culpabilidad o vergüenza (segundo orden) y el enfado (primaria). A menudo hace referencia a una combinación entre emoción negativa de primer orden y una negativa de segundo orden, pero puede no ser así, como cuando, por ejemplo, puedes sentirte culpable por sentirte feliz.

La forma que tengamos de reaccionar ante esta segúnda emoción es crucial, pues puede aminorar o acrecentar la emoción primaria. Es habitual, que todo esto venga acompañado de un diálogo interno que puede también favorecer, o no, la intensidad de esa emoción primaria. Es importante saber hacer una lectura constructiva de estas emociones.

Virginia Satir, reconocida psicoterapeuta y autora, fue una de las figuras más importantes en el enfoque de la Terapia Sistémica Familiar e hizo importantes aportaciones a la cuestión de la metaemoción.

Virginia Satir con frecuencia hacía estas dos preguntas a sus pacientes:

- La primera es: *"¿Cómo te sientes?"* que se refiere a la emoción primaria.
- La segunda es: *"¿Cómo te sientes por sentir eso?"*, *"¿Cómo te sientes, sintiéndote así?"* o *"¿Cómo te sientes ante esa emoción?"*, de tal manera que se desvela la emoción de segundo orden.

El tipo de relación que tengo con mi emoción primaria está determinado por mi metaemoción. Si, por ejemplo, identifico mi metaemoción de culpabilidad, por el enfado con mi amiga, será este el tipo de relación que estoy teniendo con lo que en el ámbito emocional me está sucediendo.

Reencuadrar esa culpabilidad, va a permitir a la persona, abrirse a la posibilidad de sostener y relacionarse apreciativamente con la emoción primaria.

No se trata de negar la emoción primera, el enfado, ni de la culpabilidad como segunda emoción. El trabajo se centra en alcanzar una mirada apreciativa de ambas.

Una exploración apreciativa de la culpabilidad significa observar a la metaemoción desde un lugar apreciativo, es decir, extrayendo lo positivo y significativo que tiene para ti.

En nuestro caso, y a modo de ejemplo, pues son múltiples las opciones, vamos a considerar que esa culpa es un indicativo de la importancia que tiene la amistad para ti y, en especial, tu relación con esa amiga.

El afecto y el valor que le doy pasa a sostener y vincularse con el enfado y, por tanto, convierte ese afecto a figura, ocupando el lugar de la culpa.

Podemos explorar nuestro diálogo interno inicial, y ante una creencia como "soy un mal amigo", "me voy a quedar solo, sin amigos", llegar a una conversación interior más apreciativa, del tipo: "no tengo que ser perfecto", "la amistad permite estos errores", etc.

Lo que acontece, asimismo, es un cambio de figura y fondo. En lugar de decirnos "soy un mal amigo", pasamos a "no tengo que ser perfecto", que ahora es la figura. Y al respecto, me vienen a la memoria estas palabras, que vienen a cuento de Pema Chödrön: "Podemos renunciar a ser perfectos y experimentar plenamente cada momento".

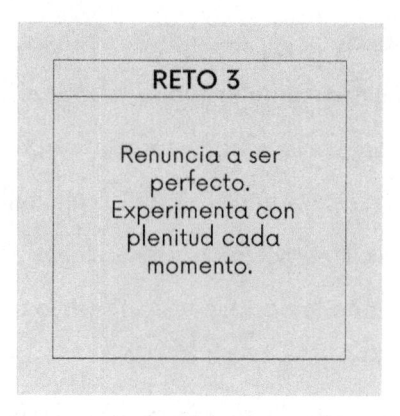

> **RETO 3**
>
> Renuncia a ser perfecto. Experimenta con plenitud cada momento.

Este juego figura-fondo es algo familiar en todos nosotros y forma parte de nuestras conversaciones. A veces, es más visible y en ocasiones menos, pero está claro que, con mayor o menor consciencia, nuestras creencias y mundo emocional nos acompañan.

El ejemplo que te muestro es sencillo e ilustra lo que quiero decir y espero, además que te saque una sonrisa.

Una madre le dice a su hija: "Tu novio es muy amable, pero es feo". La hija le contesta: "Sí, mamá, mi novio es feo, pero es muy amable". Está claro que la madre tiene respecto al novio de su hija la fealdad como figura. En cambio, para la hija, es distinto, pues su figura es la amabilidad de su novio y es este aspecto, el que le lleva a prestar atención en su interacción con él.

La idea de esa fealdad o amabilidad responde al particular sistema de creencias, es decir, que es posible que la hija no vea ninguna fealdad en su novio.

Tercera Parte. El juego figura y fondo.

Lo que quiero que tomes como ejemplo, es la idea que a lo que estás prestando atención determina el tipo de interacción con los demás.

Me permito compartir contigo, una situación que viví en primera persona y que me produce cierto sonrojo. Es otro ejemplo sencillo, que muestra que a veces no somos capaces de ver lo positivo dentro de una situación "negativa" o que identificamos como negativa y que tiene cierto parecido con el ejemplo, de la madre y la hija.

Era agosto de 2011 y estaba participando en un taller residencial en Bore Place, en el condado de Kent (Reino Unido), con un grupo de expertos en indagación apreciativa, la mayoría británicos. La hermosa casa jacobea, en donde residíamos, estaba rodeada de hermosos jardines que, con un aire bucólico y romántico, reflejaba la típica estampa de una hermosa campiña inglesa.

Estaba, en uno de los descansos, departiendo con uno de los participantes en el porche de la casa, acompañados de uno de aquellos momentos lluviosos tan propios del lugar. La conversación era una continuación de lo que con anterioridad se había dialogado en el grupo y giraba alrededor de la dificultad de observar de forma positiva las cosas más cotidianas de nuestra vida.

En un momento determinado la lluvia arreciaba con fuerza y le comenté a mi compañero británico: "¡De nuevo el fastidioso clima inglés!"

"Cierto" contestó. Serio en sus gestos y tono de voz, y con un toque muy *british*, entre excéntrico y sarcástico, añadió, sin pestañear y manteniendo la mirada fija en la fuerte lluvia: "Y gracias a este clima, tenemos el verde de la vegetación de estos hermosos prados".

Lo positivo, en ocasiones, parece oculto a "nuestros ojos" (en realidad está velado a nuestro sistema de creencias), y no es visible para nosotros. Puede resultar inexistente para nosotros.

En este juego figura-fondo, acaso un juego de positivo-negativo o de otro tipo, es importante que te des cuenta de a qué estás prestando atención a causa de tu sistema de creencias y, a partir de ahí, llevarlo a revisión, como propone Byron Katie con sus cuatro preguntas, por ejemplo. Luego se trata de que decidas, si te quedas con ese foco de atención, o prefieres elegir otras opciones o perspectivas.

Nos llenamos de explicaciones respecto a las situaciones que vivimos en la creencia de que somos seres observadores, cuando en realidad somos más bien seres interpretativos.

Tercera Parte. El juego figura y fondo.

Nos vamos llenando de explicaciones o atribuciones frente a las circunstancias que vivimos, que veremos con más detalle en los siguientes capítulos.

Sawubona. El poder de SER apreciativo.

CUARTA PARTE

Las atribuciones que (nos) hacemos y los juegos a los que jugamos.

> *"No hay otro mundo más que este, pero hay muchas formas de mirarlo".*
>
> Anthony De Mello

Las personas creamos explicaciones, frente a las diversas situaciones que experimentamos, que representan nuestro particular estilo explicativo de interpretar el mundo, nuestro mundo.

Mostramos una cierta tendencia a explicar, y explicarnos, de una manera determinada lo que vivimos.

Con *"los juegos a los que jugamos"*, que completa el título de este capítulo, me refiero a las trampas que en forma de atribuciones nos hacemos, llevados por una bien o malentendida positividad o negatividad.

Para comprender este tipo de juegos y trampas que nos solemos hacer, he tomado, como punto de partida, las tres dimensiones de la teoría de las atribuciones del psicólogo social estadounidense Bernard Weiner (1985):

1. Atribución Interna-Externa.

La persona considera que el resultado de las situaciones que vive responde a causas internas o externas. Pueden encontrarse dentro de ella (causa interna, conocida también por locus interno), devenir de su esfuerzo o falta de este o derivar de su habilidad o inhabilidad. La otra alternativa es que se encuentren fuera (causa externa, conocida también por locus externo) como, por ejemplo, en la dificultad de una tarea.

En otras palabras:

- Si explicas el resultado a través de atribuciones internas quiere decir que: Te asignas de forma personal la causa.

Esta puede ser una tendencia para una persona que, ante una situación exitosa, reclama ser la causante de ese resultado satisfactorio, sin llegar a observar, si en términos objetivos es razonable o no esa atribución.

También puede arrogarse ser la causa, en una situación de fracaso, cuando en realidad no es justo que asuma la culpa.

Son juegos o tendencias que, en algunos casos, llevan consigo su trampa.

- Si lo explicas a través de atribuciones externas, significa que: No te asignas de forma personal la causa, pues la adscribes a circunstancias ajenas a ti.

No suponerse la causa es un recurso que, ante una situación con un efecto no deseado, puede utilizar la persona, cuando si es el causante del resultado. El sujeto es capaz de llenarse de explicaciones y argumentaciones que pretenden liberarle de toda responsabilidad ante lo que le sucede.

Esta mirada es entendida a veces, como positiva, cuando en realidad, el liberarse de esa responsabilidad le deja con poco espacio para aprender y sin vivir y experimentar, de forma auténtica y real, lo que en cada momento emerge en su vida.

Lo que también puede suceder es que la persona no se atribuya la causa, cuando en realidad si ha conducido a ese éxito.

Es posible caer en el autoengaño, bien sea por un estilo explicativo que puede ser visto o considerado como positivo o negativo.

2. Atribución Estable-Inestable.

La persona cree que la causa puede variar en el tiempo o ser permanente. Asignar el origen a una fuente que considera constante, por ejemplo, la capacidad de gestionar proyectos (atribución estable) o a una que varía en el tiempo como el cansancio que dificultó la buena gestión del proyecto (atribución inestable).

En otras palabras:

- Si haces una atribución estable, conlleva: Creer que la causa se sostiene en el tiempo y, en consecuencia, no se puede o no va a cambiar.

Podría ser el deseo que, de forma acertada o errónea, tiene la persona en una situación con un resultado anhelado y, al contrario, no lo es, en un escenario con secuelas no satisfactorias.

Ese deseo puede distorsionar la realidad que percibe la persona.

- Si lo haces a una atribución inestable: Crees que la causa permanece igual en el tiempo y, en consecuencia, la puedes cambiar.

Bajo el deseo de la persona de que algo no permanezca constante en el tiempo, hace una atribución inestable, pues de esta manera, pretende creer que el resultado será distinto y, en consecuencia, mejor para ella.

Si la persona entiende la atribución como inestable en el tiempo y, por tanto, no es permanente o cambiable en el momento, se está dando la oportunidad de poder obtener un resultado distinto.

Si, por ejemplo, entiende que sus habilidades actuales no son fijas, ni permanentes y, por tanto, es posible que varíen, en el sentido que son mejorables puede extraer aprendizajes de esos resultados que serán aplicables en el futuro.

Lo que entienda o no, le acerca o aleja de la realidad, y todo desviamiento de la realidad, va a suponer un autoengaño, incluso en el caso de que esté revestido de grandes dosis de positividad.

3. Atribución Controlable-Incontrolable.

Se vincula aquí el resultado al grado de capacidad de control que tiene o no la persona. Por ejemplo, el sujeto entiende que las consecuencias se deben a su tenacidad o perseverancia (que está bajo su dominio) o a la suerte (fuera de su control).

En otras palabras:

- Si consideras que es controlable: Crees que puedes hacer algo y está bajo tu control.

Quizás si hay espacio para consideres que hay cosas que si están bajo tu control, cuando en realidad no es así.

- Si consideras que es incontrolable: Supones que no es factible hacer nada y no están bajo tu control.

Es posible que si esté bajo tu dominio y creas que no es así y también, que consideres que no está en tus manos, y sea una atribución, objetivamente correcta, es decir que es cierto que no lo puedes controlar.

He tomado como guía este tipo de atribuciones, para seguir avanzando en la indagación de la positividad y negatividad, el optimismo y el pesimismo, el éxito y el fracaso y otras ideas y conceptos de la misma familia, para hacer visible lo que he llamado "los juegos a los que jugamos".

Puedes observar también en esta atribución, de la misma manera que en las anteriores, que es posible para la persona caer en el autoengaño y timarse. Lo que coloquialmente se llama "hacerse trampas al solitario".

La primera pretensión del capítulo actual y de buena parte de este libro es explorar y reconocerte, en los juegos en los que intervienes y las trampas que puedes llegar a hacerte.

Apreciar la realidad es el camino que te ayuda a tomar consciencia de esos juegos, interpretaciones, trampas y también aciertos. Todos ellos representan tu tendencia explicativa y te llevan a observarte, acertada o erróneamente.

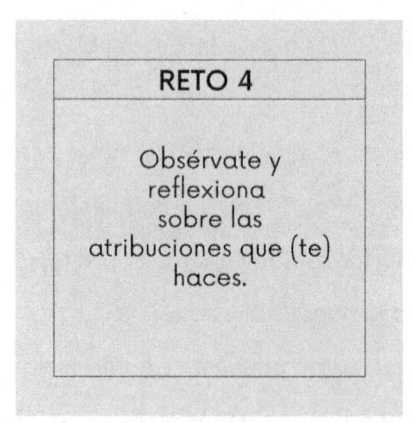

RETO 4

Obsérvate y reflexiona sobre las atribuciones que (te) haces.

Otra pretensión de este libro, más sutil, menos directa (que igual requiere de otro libro), es invitarte a qué, de

Cuarta Parte. Las atribuciones que (nos) hacemos y los juegos a los que jugamos.

cuando en cuando, te des el permiso de salir de la dicotomía positivo-negativo, optimista-pesimista, éxito-fracaso, emoción positiva-emoción negativa.

En ese lugar, más que tomar consciencia del juego al que te aventuras, te das cuenta de que, si no hay jugador jugando, no hay juego al que jugar.

Para ello apreciar la realidad sigue siendo el camino. En un sentido más profundo, se trata de salir de estas dualidades y sin dualidad no hay juego.

La propia apreciatividad te abre la posibilidad de poder hacerlo. Supone ir más allá del mundo de interpretaciones y atribuciones.

A este apreciar de forma plena la realidad, la he llamado apreciar "sin más", y con "sin más", me refiero a aceptar sin nada que añadir o mejor dicho sin nada a que atribuir. Se trata de: "Apreciar lo que tienes, sin más. Apreciar lo que hay, sin más. Apreciar quien ya eres, sin más".

Pema Chödrön, en su libro *Comienza donde estás. Guía para vivir compasivamente,* cuenta haber escuchado una historia sobre una ocasión en la que el maestro de meditación Chögyam Trungpa Rinpoche estaba sentado en un jardín junto a Dilgo Khyentse Rinpoche que fue maestro del Dalai Lama.

Sin decir nada ("sin más"), disfrutaban del entorno. Entonces Trungpa Rinpoche rompió el silencio y empezó a reírse y dirigiéndose a Khyentse Rinpoche le comentó: "Llaman a eso árbol". Entonces Khyentse Rinpoche también se echo a reír.

Eso es apreciar sin necesidad de poner nombre a lo que admiras, es decir, apreciar "sin más".

Vamos a observar y seguir vigilándonos en nuestros juegos. Para ello, abordaremos en primer lugar las atribuciones interna-externa.

¿Seguimos?

Atribución Interna-Externa

"La clave está en nuestra manera de vivir la realidad, en tratar de no complicarla con problemas que son fruto de nuestras interpretaciones y no de los hechos en sí mismos. Los problemas vienen de nuestro talento para complicar la simplicidad de los hechos, de nuestra dificultad para aceptarlos y tomarlos tal como son, aprovechándolos de este modo".

Joan Garriga

En la atribución interna-externa se dirime si la explicación que se da al suceso es interna y, por tanto, es causada por la persona o, en cambio, se entiende que la fuente es externa y en este evento, no es atribuible al sujeto.

El individuo al optar, en el caso de un resultado negativo o no deseado, por la no atribución de la causa, consigue autoprotegerse y de alguna manera preservar y mantener en lo posible, su autoestima.

Esto le supone un claro beneficio a nivel emocional, pero corre el peligro de hacerse trampa y no ser consciente de ello.

En ocasiones, no nos hacemos responsables y nos liberamos de una cierta carga emocional. Lo anterior lo entienden algunas personas, de manera errónea, como que se está actuando de forma positiva.

Esto nos podría conducir a un escaso o nulo cuestionamiento interno (ausencia de autocrítica), que nos puede llevar a tener una idea distorsionada, no solo de la realidad, sino también de nosotros mismos. Nos liberamos de emociones indeseadas (frustración, desmotivación, desaliento o desánimo), pero al tiempo nos vemos privados del aprendizaje, que probablemente encerraba la situación.

Aquí es donde hacemos un mal uso de la positividad, al apartarnos de la realidad, y centrarnos en la búsqueda de esa protección. Lo realizamos, a través de estrategias que creemos adecuadas desde una errónea interpretación de la positividad. De hecho, no corresponden a una buena entendida positividad, pues, entre otras cosas, nos alejan de la realidad.

Es entonces cuando la persona no se hace dueña de su vida y avanza poniendo el foco fuera de sí, en lo exterior y "no toma lo que es suyo" y, de este modo, queda liberado de responsabilidad.

La tendencia a situar en el foco externo, la causa en las situaciones de fracaso supone dejar de lado factores internos importantes como el esfuerzo, fuerza de voluntad, responsabilidad, etc.

Si haces eso, limitas las posibilidades de inferir en algún tipo de alternativa, pues lo dejas afuera y esto ocurre así, incluso en el caso que pudieras tener razón en que la causa fuera externa.

¿Qué sucede cuando el resultado es satisfactorio? Se considera a una persona con estilo positivo de atribución, cuando muestra tendencia a arrogarse el efecto favorable como producto de sus acciones.

Al conferir la causa del éxito a factores internos generamos, en nosotros, una alta autoconfianza, satisfacción personal y elevadas expectativas para situaciones parecidas en un futuro. El mensaje que nos damos es algo así como: "Lo he conseguido gracias a las acciones que he realizado".

También debemos estar alerta en este caso. Es posible caer en lo que se conoce como sesgo de autoservicio o egoísmo atribucional, que supone que la persona tiene tendencia, de una forma general, a responsabilizarse solo por los buenos resultados que obtiene y se exculpa de los fracasos.

La persona puede entender que es así como funciona el pensamiento positivo y que su forma de actuar corresponda al de un individuo optimista.

¿Te reconoces o reconoces a alguien con esa tendencia? Presta atención a como actúas y sé consciente y sincero contigo mismo, respecto al tipo de atribución que realizas, pues es probable que estés haciéndote trampas y lo que haces y cómo lo llevas a cabo, puede ser en realidad poco o nada provechoso para ti.

Estás estrategias erróneamente concebidas como positivas, son cortoplacistas, en el sentido que hay un cierto beneficio en el futuro inmediato, que nos hace huir de la situación y de las emociones que emergen en ese momento.

Lo positivo está en saber transitar en ese corto plazo. Aceptar la realidad y, por tanto, nuestra responsabilidad y las emociones que experimentamos es lo positivo, aunque cuando lo estamos viviendo, las sensaciones o sentimientos sean negativos o mejor dicho, entendidos como negativos.

Y es muy posible que no haya ni positivo, ni negativo. Hay lo que hay, es decir, aprendizaje de saber estar con lo que hay, lo que ocurre, en contacto directo con la realidad.

Cada vez son más las personas, estudiosas del mundo emocional, que se separan de la idea de etiquetar las emociones como positivas o negativas. Abogan más por alejarse de cualquier interpretación y, en todo caso, aceptan de mejor grado la idea de emociones agradables o desagradables, cómodas o incómodas.

Espero que el lector o lectora acepte, de buen grado, el uso de emociones positivas o negativas como parte del juego positivo versus negativo.

Cuarta Parte. Atribución Interna-Externa.

Para entender la complejidad de las atribuciones internas/externas, voy a utilizar el ejemplo de un entrenador deportivo.

Veremos más adelante el resto de los pares de atribuciones estables/inestables y controlables/incontrolables, así como la combinación entre ellas y el impacto emocional según el tipo de atribuciones que hacemos.

El entrenador deportivo puede adjudicar el éxito de su equipo a causas internas. Es decir, que la victoria es producto del alto nivel competitivo del grupo o, por ejemplo, que se debe al esfuerzo y espíritu competidor realizado. En este caso, esta valoración y el reconocimiento positivo, es muy probable que genere motivación y confianza en los jugadores del equipo.

El entrenador podría añadir atribuciones del éxito a su persona. Decir que el triunfo se debe también al planteamiento táctico, al tipo de entrenamientos que propone u otras razones, arrastrado quizás por el egoísmo atribucional, del que hemos hablado antes.

De hecho, es posible que, si eres amante de algún tipo de deporte de equipos, te vengan a la memoria, ejemplos de esta clase de preparadores y también en los casos o situaciones que a continuación voy a contarte.

El entrenador puede hacer una atribución del éxito a factores externos. Al efecto motivante de los aficionados, argumento que, expresado en una rueda de prensa, producirá un impacto positivo en su afición y tener su efecto positivo en posteriores encuentros.

Asimismo, puede atribuir la derrota a factores internos como bajo rendimiento, falta de compromiso o cualquier otra razón que puede mermar la autoestima y disminuir la motivación de su equipo.

Curiosamente, si se atribuye a sí mismo como causa de la derrota, por un mal planteamiento táctico o una incorrecta preparación de los entrenamientos durante la semana, puede preservar la autoestima de sus jugadores, pero deberá lograr un equilibrio para sostener la suya propia y sosegar la reacción que puede generar en otros (dirección del club y aficionados) que podría llevarle al despido.

Otra opción es atribuir la derrota a factores externos, como la mala suerte, el estado del terreno de juego o a la actuación del árbitro. Esto puede salvaguardar la autoestima de sus deportistas, aunque no genera una alta motivación y no facilita la variación de conductas. Los jugadores pueden decirse a sí mismos: "¿Para qué cambiar mi comportamiento, si no he sido el causante de la derrota?"

Un ejemplo de atribución externa significativa, o mejor dicho curiosa, en el caso de pérdida, es argumentar que el motivo fue el buen juego desplegado, en ese partido, por el equipo contrario. Sería una causa inestable, es decir, que varía en el tiempo y, por tanto, lleva a pensar que es puntual y que en un próximo encuentro se les puede ganar.

Siguiendo con las atribuciones curiosas. Si la atribución del entrenador corresponde a que el rival es un gran equipo, mejor que el nuestro. Al ser una afirmación que apunta al "ser", hace referencia a algo más estable (atribución que veremos más adelante) que el brillante juego desplegado en un partido puntual. La consecuencia será que se van a generar menos expectativas de victoria en un próximo encuentro que en el caso anterior.

Otro aspecto es el tipo de atribuciones que pueden hacer la prensa, los aficionados y el equipo contrario. Todos van a mostrar en sus atribuciones una determinada tendencia. Van a tratar de dar sus explicaciones del resultado.

Espero que el ejemplo del entrenador haya servido para entender más y mejor las múltiples combinaciones que pueden darse y no son todas, pero confío que hayan sido suficientes.

Conocer estos juegos entre el binomio positivo-negativo y el impacto que se pretende conseguir es importante para, en este caso, un entrenador deportivo, pero también lo es en el caso de un docente, un directivo, un padre, una madre, etc.

Lo importante es ser consciente de si te acercas o te alejas de la realidad, con tu atribución. Todo acercamiento a la situación te hace actuar de forma directa en la realidad y te da "reales" posibilidades de accionar más correctamente.

Se entiende, que es más fácil poner el foco en lo interno en el caso de éxito que en circunstancias de decepción. No obstante, donde hay gran potencial de aprendizaje es en el ámbito interno, en especial en los casos de fracaso (lo veremos en los siguientes capítulos). El peaje que pagarás será que tu autoestima quede, en el corto plazo, algo mermada (aunque no es imperativo que sea así). Sin embargo, alejarte de la realidad de los hechos, a través de distorsiones de la realidad o de interpretaciones erróneas expresadas con una intencionalidad optimista carente de fundamento, no te ayuda, ni ayuda a quienes te dirijas.

Si el entrenador o los deportistas atribuyen la derrota a la mala suerte, no va a traer beneficio en el futuro, aunque en términos emocionales se preserva la autoestima y los jugadores lleguen a experimentar frustración. Eso si podrían sentirse como impotentes, o instalados en la inacción al no tener nada que ver con el resultado.

El *"no tengo nada que ver con esto"* es, por descontado, la gran trampa en este tipo de atribuciones internas-externas. Estate atento y atenta cuando te oigas o escuches a los demás desde ese lugar.

Si lo cierto, o al menos lo también verdadero, es que el equipo no jugó un buen partido y esto lo ocultamos, no vamos a poder seguir avanzando y mejorar de manera apropiada como equipo.

Si dejamos de lado la mala suerte que hemos tenido en el partido, y nos centramos en lo que nos es posible cambiar, poniendo el foco en como mejorar nuestro juego, vamos a poder sacar provecho de la situación.

La interpretación es esencial. En determinados momentos vitales puede resultarte muy difícil, inadecuado o incluso poco saludable, asumir toda la responsabilidad y quedar fijado o eclipsado en el foco interno. Así lo expresa Jon Kabat-Zinn en su libro *Vivir con plenitud las crisis:* "Aun en el caso de que existiera una relación estadísticamente significativa entre emociones negativas y cáncer, está completamente injustificado sugerir a una persona con cáncer que su enfermedad ha sido provocada por el estrés psicológico, los conflictos irresueltos o la represión de las emociones".

Las situaciones que una persona experimenta y sobre todo cómo las asume, pueden favorecer o no, la aparición de algún tipo de enfermedad. Tanto es así que, si lo que uno experimenta en su vida, fuera vivido por otra persona distinta, los resultados del día a día serían distintos.

Eso sí, llegar a admitir con absoluta aceptación, que lo que estás viviendo en estos momentos, es resultado en su totalidad, de tus acciones, tus comportamientos y tus pensamientos, y, en particular, tus emociones, puede ser difícil de asumir por la persona, sobre todo en el corto plazo.

Aunque fuera cierto, el hecho de tomarlo como causa interna puede no ser lo más saludable en términos psicológicos que redundan en esa misma curación. Siguiendo con Kabat-Zinn: "Lamentablemente, este tipo de pensamiento, que pretende atribuir la "causa" del cáncer a una deficiencia psicológica sutil, se ha puesto de moda en determinados círculos, con lo cual es mucho más probable que aliente el sufrimiento que la curación".

Los sucesos y procesos que acontecen en nuestra vida no suelen tener una linealidad absoluta, es decir, un resultado no tiene su origen en un sistema tipo causa-efecto, más bien responde a una complejidad, producto de dinámicas no lineales.

No siempre resulta fácil identificar un único origen a tus dificultades, a los obstáculos que nos vienen en la vida en general y tampoco lo es, en el caso de una enfermedad.

Cuarta Parte. Atribución Interna-Externa.

Lo que sucede en la actualidad es la tendencia a vincular las emociones como el origen y la causa de las enfermedades. Si bien es cierto, que lo emocional incide en lo físico y puede llevar a la enfermedad, no lo es, que toda enfermedad tenga su origen en lo emocional.

El conocido escritor y conferenciante español Emilio Carrillo considera, según lo compartido en una de sus conferencias, que todas las enfermedades tienen un sentido profundo que puede ser muy variado. Admite que es posible que el origen de estos padecimientos sean las emociones, pero no es indispensable que sea así.

Para Emilio Carrillo, hay enfermedades que nos llegan porque no tenemos una práctica de vida saludable. Otras son reacciones biológicas de limpieza de toxinas. El cuerpo provoca un proceso de enfermedad, que le ayuda a limpiar sustancias nocivas. También habla de otro tipo de enfermedades y entre otras, y no la única, las que proceden de las emociones.

De igual modo sucede con el hecho de atribuir la causa a circunstancias externas, que vienen determinadas de forma directa o indirecta, en parte o en su totalidad, a la intervención e influencia en el resultado final del contexto y de la acción (o inacción) de otras personas.

Una dificultad a menudo recurrente en las situaciones negativas, sobre todo a lo que se refiere a las relaciones con los demás, es llegar a distinguir que es lo que uno se atribuye como causa de la situación y en qué grado corresponde a otra u otras personas. Epícteto en su *Manual* nos lo explica desde esta forma tan brillante: "Si consideras que solo lo tuyo es tuyo y lo ajeno, como es en realidad, ajeno, nunca nadie te obligará, nadie te estorbará, no harás reproches a nadie, no irás con reclamaciones a nadie, no harás ni una sola cosa contra tu voluntad, no tendrás enemigo, nadie te perjudicará ni nada perjudicial te sucederá".

Ser capaz de vislumbrar lo que es tuyo y, por ende, interno y lo que es externo, y, por tanto, lo que corresponde a los demás, deviene un gran trabajo.

Viktor Frankl puede ayudarte. De lo aprendido a través de él, sabemos que más allá de las atribuciones, lo que está en tus manos es darle sentido a lo que estás viviendo. Como dice el mismo Frank, las circunstancias externas pueden despojarte de todo, menos de una cosa: la libertad de cómo reaccionar ante las mismas. En el sentido de hacerte responsable de la respuesta que das (o que no das) en todo momento.

¡Bendito fracaso!

> *"El fracaso enseña lo que el éxito oculta:*
> *la capacidad parar crecerse en los obstáculos y*
> *no darse uno por vencido".*
>
> Enrique Rojas Montes

Imagínate que eres un deportista profesional. Finaliza el partido con un empate y, ya en el vestuario, el mensaje que predomina entre los jugadores es la siguiente frase: "Si nos hubiéramos preparado mejor, habríamos ganado".

Imagina ahora que, en la misma situación, la frase que se escucha es: "No perdimos. Por fortuna conseguimos un empate". Si te pregunto, qué afirmación es para ti la más positiva: ¿Cuál de las dos escogerías?

Quédate con la respuesta y te invito a seguir leyendo.

Si fueras atleta olímpico: ¿Qué crees te produciría mayor satisfacción: haber obtenido una medalla de plata o una de bronce?

Thomas Gilovich, profesor de psicología en la Universidad de Cornell, en Estados Unidos, junto con sus colegas Victoria Husted Medvec y Scott Madey realizaron, con la colaboración de un grupo de voluntarios, un estudio sobre el pensamiento contrafáctico y la satisfacción entre los medallistas olímpicos que se publicó en 1995.

El pensamiento contrafáctico, que significa "contario a los hechos", supone pensar en lo hipotético, es decir, lo que no sucedió, pero que podría haber sido.

Una de las conclusiones de la investigación fue que los atletas con medalla de plata experimentaban como fracaso el segundo puesto obtenido. Por el contrario, los deportistas con el bronce vivían su resultado desde la sensación de éxito.

El foco de atención de unos atletas no está en lo que obtienen, la plata, más, bien en lo que dejaron de obtener, el oro, y la consecuencia es vivir la experiencia como un fracaso, en lugar de un éxito.

Centran su mirada y pensamientos, con la intención de precisamente minimizar esa sensación de decepción, en los factores externos que han producido "la derrota" como, por ejemplo, la mala suerte o la dirección del viento.

Compensan de esta manera esa sensación de pérdida, pero al mismo tiempo, disminuyen de forma importante su grado de satisfacción por lo conseguido.

¿Qué les sucede y cómo lo viven? Les cuesta apreciar lo que tienen y han obtenido. Su atención está puesta en lo que no hay.

En cambio, los atletas con medalla de bronce hacen hincapié en lo que han logrado, lo viven desde la sensación de éxito y atribuyen el resultado a factores internos, y, por tanto, consideran que su actuación ha influenciado en la conclusión y obtienen una mayor satisfacción.

¿Qué les sucede y cómo lo viven? Aprecian lo que poseen y han obtenido, su atención está puesta en lo que hay.

¿Y qué tienen en común ambos deportistas? Los dos piensan en lo que no ocurrió y en lo que habría podido suceder, aunque eso si, lo hacen de forma distinta.

El atleta con la plata piensa en lo que podría haber sucedido y le hubiera conducido a la victoria.

El deportista con la medalla de bronce pone su atención en las situaciones que le hubieran llevado a un peor resultado.

¿Te reconoces en uno de estos dos comportamientos?

Si tomamos a modo de ejemplo al medallista con plata, las preguntas son:

- ¿Fijas tu atención en lo que dejas de obtener?
- ¿Vives como un fracaso, lo que podría ser entendido como un éxito?
- ¿Atribuyes "tu derrota" a factores externos?
- ¿Tienes pensamientos del tipo "podría ser mejor"?
- ¿Te cuesta apreciar lo que tienes y has obtenido?
- ¿Tu atención está puesta más en lo que no hay, que en lo que hay?

Si lo hacemos en el medallista con bronce, las preguntas son:

- ¿Prestas atención a lo que has obtenido?
- ¿Lo vives desde la sensación de éxito?
- ¿Atribuyes "tu éxito" a factores internos?
- ¿Tienes pensamientos del tipo "podría ser peor"?
- ¿Aprecias lo que tienes y has obtenido?
- ¿Tu atención está puesta más en lo que hay, que en lo no que hay?

De forma resumida puedes ver, en la siguiente tabla, las características principales de uno y otro medallista:

	Medalla de plata	Medalla de bronce
Foco de atención	Lo que no se tiene	Lo que se tiene
Sensación del resultado	Fracaso	Éxito
Atribución	Factores externos del fracaso	Factores internos del éxito
Grado de satisfacción	Bajo	Alto
Pensamiento sobre lo que no ocurrió	"Podría ser mejor"	"Podría ser peor"

Es posible que no te hayas identificado en todas las características de un solo tipo y que te identifiques con partes de uno y otro.

En cualquier caso, te puede resultar de utilidad reflexionar en aquellas características en las que te hayas podido reconocer y crees que hay espacio de mejora y aprendizaje para ti.

Una de las conclusiones que se pueden extraer, en el caso de los medallistas de plata y bronce, es que el resultado no determina el grado de satisfacción.

Es más bien el pensamiento y atribución que realiza el deportista y que podrías estar haciendo ahora en tu vida, que hayas podido concebir en el pasado o que puedes desarrollar en un futuro, lo que va a influir en mayor medida en tu grado de satisfacción.

De igual modo, eres tú quien va a decidir y valorar, si esa experiencia es entendida por ti en términos de éxito o fracaso, incluso de "casi victorias" o "fracasos exitosos" tal y como comprobarás en el siguiente capítulo.

Tienes la opción de centrarte en el proceso, en la obtención de maestría en lo que haces, y no tanto en el éxito como resultado de lo que ejecutas. En ese caso, desarrollarás en ti una actitud y mentalidad de crecimiento. La otra opción es inclinarte por una mentalidad fija que se centra en el resultado y en la obtención del éxito en lo que se hace. Tendrás la oportunidad de explorar con más detalle estas cuestiones en el capítulo: mentalidad fija y mentalidad de crecimiento.

Si calificas el resultado a modo de fracaso, puedes tender a atribuirlo a factores externos o no ("no tiene por qué ser así"), a la manera del atleta de la plata y eso te libera de responsabilidad y te deja, eso sí, con una baja satisfacción.

Al hacer esto, puedes quedarte sin extraer el aprendizaje que la experiencia vivida te ofrece, pues tu mirada está más bien puesta fuera de ti.

Por otro lado, si ves la consecuencia de la situación como un éxito, vas a tender con más facilidad, a atribuirte a ti mismo el resultado y a tener una mayor satisfacción.

Aquí debes ir con cuidado, pues es posible caer en una autocomplacencia en virtud de ese mismo éxito, que puede frenar tu aprendizaje y dificultar el seguir mejorando.

Es importante que, si reconoces que estás en una situación parecida a la que vive el atleta con el bronce, te detengas a reflexionar sobre lo que has hecho y te ha llevado a ese resultado. Eso sí, va a ser conveniente que dejes de lado, ese pensamiento de "podría ser peor", propio del medallista de bronce cuando piensa en lo que no ocurrió y podía haber sucedido.

Ese "podría ser peor", puede ser usado como una nueva trampa de un cierto positivismo erróneo, al sentirte afortunado y dichoso de lo que ha sucedido.

Puedes quedarte "atrapado en tu destino afortunado" y eso va a ser un freno en tu aprendizaje que inconscientemente te llevará a una cierta autocomplacencia también y repetir las mismas acciones, sin la garantía de llegar a contar con idéntica fortuna.

Una persona que ha tenido un accidente de automóvil aparatoso y ha salido "milagrosamente" ilesa, es probable que se sienta aliviada e incluso afortunada por todo ello bajo la premisa de que "podría ser peor". Puede, detenerse ahí y estar muy agradecida, por cómo de benévola es la vida con ella.

No obstante, tiene la opción también de ir más allá, y centrar su atención en lo que hizo y le permitió sobrevivir, como ponerse el cinturón de seguridad.

Todavía puede ir mucho más allá, y reflexionar sobre aquello que no hizo y podría haber hecho, como parar a descansar en un largo viaje, no atender al teléfono móvil mientras conduce, etc. En definitiva, se trata de no quedarse atrapado en lo afortunado que eres y en lo benévola que es la vida contigo, incluso en el caso de que sea así realmente.

Esto te permite salir del "podría ser peor" del medallista de bronce, y acercarte al "podría ser mejor" propio del medallista de plata.

El "podría ser peor" es entendido, en términos generales, como un recurso propio de una mentalidad positiva. Aunque ayuda a sentirte más aliviado y positivo por lo que ha sucedido, estate atento a que no suponga un freno para tu evolución y aprendizaje.

Si te encuentras en el "podría ser peor" puedes, tras tomar consciencia de que la situación podría ser aún peor de lo que es o fue, avanzar hacia el "podría ser mejor".

Y, ¿qué va a suponer dar ese paso? El "podría ser mejor" tiene el potencial de generar en ti, cierto grado de frustración.

Te puede suceder así: Imaginas resultados superiores a los que en realidad fueron y, por tanto, piensas en lo que podrías haber hecho y no hiciste. En el caso del ejemplo del accidente, puede generarte emociones de culpabilidad, aliviadas en algún grado, por haber salido ileso.

Pero tampoco tiene porque ser así, pues el cómo vaya a ser para ti, en qué pones tu atención, va a depender de ti.

En 1994, Neal J. Roese realizó un trabajo de investigación con la colaboración de 90 estudiantes de psicología, a los que se les solicitó que recordasen un examen en el que obtuvieron una baja calificación.

A unos estudiantes la propuesta los llevó entre otras cosas a pensar en lo que podría ser mejor y a otros, los condujo a lo que habría. sido peor.

El resultado de la investigación indicó que los estudiantes que asumieron un cierto grado de insatisfacción y frustración mostraron con mayor frecuencia su propósito de mejorar su ejecución en futuros exámenes.

Si te das el permiso y la fuerza para transitar por emociones consideradas como negativas, del tipo culpabilidad y frustración, te abres a posibles alternativas que no sucedieron y trasladas tu atención a comportamientos que te hubieran llevado a obtener un resultado aún mejor.

Sin duda, este procedimiento te permite identificar una estrategia para acciones futuras. Identificar los comportamientos a llevar a cabo como, por ejemplo, una mejor preparación mental en el caso del atleta, no utilizar el móvil mientras conduces y un mayor esfuerzo y dedicación en los estudios, para llegar mejor preparado a los exámenes.

Es común entender como saludable y positivo, evitar transitar por emociones del tipo de culpabilidad y frustración o alguna clase de estado de ánimo como de disconformidad.

Al comparar lo que fue, con lo que podría ser, despiertas en ti una grieta de insatisfacción que coincide con lo que también se conoce por brecha de aprendizaje. Esta fisura te sirve de guía para futuros comportamientos, que lleven a mejorar el resultado obtenido.

Desde la brecha de insatisfacción o aprendizaje, la positividad consiste en prepararte para futuras situaciones. Un próximo examen si eres un estudiante, la siguiente competición en el caso de un deportista o un nuevo proyecto en el ámbito profesional.

La perspectiva apreciativa de la situación es una mirada reconciliadora entre lo que "podría ser peor" y lo que "podría ser mejor".

Por un lado, se trata de apreciar lo que hay y lo que tienes (lo que has obtenido), y ver el resultado más allá del éxito respecto al fracaso y "podría ser peor" frente a lo que "podría ser mejor". Y, por otro lado, se trata de poner tu atención en el proceso y el aprendizaje adquirido, propio de la persona con mentalidad de crecimiento (que verás más adelante).

La alternativa, erróneamente positiva, es dar preferencia a minimizar las posibles emociones negativas y alcanzar sensaciones positivas como alivio y bienestar.

Es entendible que la persona busque situaciones de consuelo y satisfacción. Que prefiera estas emociones a la frustración, culpa o arrepentimiento. También tiene sentido considerar que la positividad, lo "más positivo", sean asimismo las emociones positivas frente a las negativas.

¿Recuerdas las argumentaciones del empate de "tu equipo" del inicio de este capítulo?: "Si nos hubiéramos preparado mejor, habríamos ganado". Y "No perdimos. Por fortuna conseguimos un empate".

La pregunta fue: ¿Cuál de las dos afirmaciones es para ti más positiva? La intención no está en la respuesta que podamos dar. Lo que pretendo es dejar abierta, la reflexión en cuanto a lo que es o puede ser para ti, en términos objetivos, positivo.

Con seguridad va a ser cuestión de valorar y ser consciente sobre las opciones que tomas y cuáles son sus costes y beneficios.

Puedes quedarte con aquella que entiendes te ofrece más alternativas a fin de incorporar acciones nuevas para el próximo encuentro. Ten en cuenta, además, que una opción a considerar, más integrativa, es conjugar ambas argumentaciones, desde la apreciatividad.

De una parte, aprecias lo que tienes (lo que has obtenido), lo que hay o lo ha sucedido y, por otro lado, asumes un cierto grado de frustración o decepción, tomando la responsabilidad ante esos fracasos y errores y seguir avanzando en tu proceso de aprendizaje.

¿Qué son en realidad los obstáculos? Pema Chödrön, nos guía de nuevo: "Lo que llamamos obstáculos son en realidad la forma que tienen el mundo y toda nuestra experiencia de enseñarnos dónde estamos atascados".

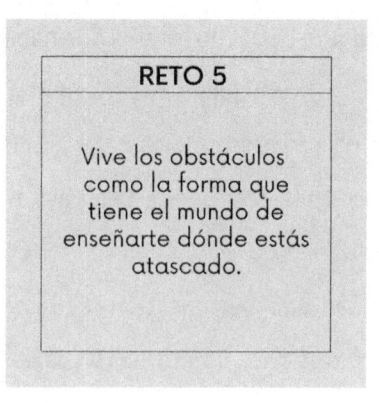

> **RETO 5**
>
> Vive los obstáculos como la forma que tiene el mundo de enseñarte dónde estás atascado.

Todo lo dicho, no es más que el proceso de vivir y experimentar la vida en su plenitud desde lo que en cada momento acontece y te está pasando.

Expongo aquí de forma resumida y sintetizada, algunas de las conclusiones de Napoleon Hill que podemos interpretar como la visión positiva del fracaso:

- El fracaso prueba, de manera concluyente, que algo está mal con nuestras metas o los proyectos mediante los cuales se busca el objeto de estos fines.
- El fracaso exige a las personas a conocer muchas verdades que nunca descubrirían sin este.
- Nos obliga a cambiar nuestros hábitos de pensamiento.
- Si utilizamos el fracaso de forma consciente, nos abrimos a nuevas posibilidades.

> **RETO 6**
>
> Utiliza el fracaso para abrirte a nuevas posibilidades.

Puedes abordar todas estas cuestiones desde un lugar que vaya más allá del dualismo (éxito-fracaso, oro-plata y plata-bronce), y que incluso exceda el de hacerlo bien o mal. Como dice Pema Chödrön: "Cuando abandonamos el deseo de hacerlo bien y el miedo a hacerlo mal, descubrimos que es aceptable tanto ganar como perder".

Apreciar lo que hay, desde una forma lo más honda y penetrante posible, te lleva, ya lo sabes, a ese lugar fuera de dualismos, donde no hay elección o atribución.

No es que optes por "no elegir", eso sería ya una decisión. Lo que sucede es que experimentas los sucesos de tu vida sin etiqueta alguna. Son experiencias llenas de aprendizajes que se muestran ante ti de una forma clara o tal vez enigmática, que requieren, por tu parte, de una mayor indagación, para captar el verdadero aprendizaje y significado que encierra los misterios de la vida.

¡Bendito fracaso!

Sawubona. El poder de SER apreciativo.

Cuarta Parte. Las "casi victorias" y los "fracasos exitosos".

Las "casi victorias" y los "fracasos exitosos".

"El éxito es la capacidad de ir de fracaso en fracaso sin perder el entusiasmo".
Winston Churchill

A Araceli Segarra, la primera alpinista española que coronó el Everest, le preguntaron en una entrevista: ¿Qué actividades en el Himalaya le han resultado más gratificantes? Su respuesta fue "Todas las que han acabado sin cima".

A continuación, relató un intento que hizo en el Everest en el año 1995, con una expedición de un grupo de alpinistas del que ella formaba parte. Los escaladores querían hacer una vía de dificultad con lo mínimo, sin cuerdas fijas, ni oxígeno, ni porteadores.

Antes de marchar invirtieron mucho tiempo en buscar los alimentos que pesaban menos, recortaron las mochilas, dormían tres personas en dos sacos, etc.

—No llegamos a la cima. ¿Y qué?" —con una sonrisa la alpinista añadió— Estoy muy orgullosa de ese proyecto porque hacíamos cosas diferentes.

Fue a la búsqueda de las "casi victorias" y los "fracasos exitosos". No es una exploración de lo que entendemos por la conquista de alcanzar la cima, sino el éxito de seguir avanzando en la maestría.

Algo que me sorprendió de la entrevista es que, al parecer, la mayoría de los alpinistas van a lo seguro. Es decir, toman las rutas normales, donde las probabilidades de conseguir la cima son muy elevadas. Es probable que alcancen la cumbre, aunque no sea necesario que hayan perfeccionado su maestría como alpinistas.

Carl Jung nos señala el camino o, mejor dicho, la ruta a seguir: "Los hombres que tienen éxito son los que saben como utilizar los fracasos".

La opción óptima es la que te lleva a proseguir avanzando en la maestría. Ya sea en condición de alpinista, padre o madre, docente, amigo o amiga, o persona, es al atravesar y transitar por rutas que igual no te llevan a la cima, pero si a la maestría.

Sarah Lewis, historiadora del arte, profesora de la Universidad de Harvard y autora del libro *The Rise: Creativity, the Gift of Failure, and the Search for Mastery (El ascenso: la creatividad, el don del fracaso y la búsqueda de la maestría)*, ha creado un concepto que comenta en su libro y en sus interesantes conferencias, y denomina "the near win", que se puede traducir como "casi victoria" o "casi ganar".

Lo que propone es un cambio de mentalidad respecto a la idea que hemos construido sobre las situaciones que experimentamos en términos de fracaso. En los ejemplos, de los medallistas de plata y bronce, representaría vivir la experiencia a manera de una "casi victoria", lo que supone poner más el foco en el proceso, en el cómo llegaste ahí y no tanto en el resultado.

Es justo, ese "casi oro" la mejor motivación para alcanzar el primer lugar o ir más allá. Como señala Lewis: "Acercarse a lo que pensaba que quería puede ayudarlo a lograr lo que nunca soñó que podría lograr" porque, como ella misma dice, "tenemos un propósito cuando tenemos más por hacer".

Las "casi victorias" te mantienen en la constante búsqueda de algo mejor, te ayudan a seguir avanzando y progresando, y evitan caer en la autocomplacencia que puede llevarte el éxito. Las "casi victorias" representan para Lewis, un espacio de experimentación.

Eso sí, es importante que, en ese espacio de experimentación, tu foco de atención este puesto no en el éxito, y si en la maestría. Esto significa seguir centrándote en la habilidad, incluso en el caso de obtener el oro.

Lewis tras un trabajo de investigación que realizó durante varios años, con más de 150 personas relevantes en el campo artístico, del deporte, político, etc., se dio cuenta de que lo importante para ellas es convertirse en expertos, más que en tener éxito.

Lo primordial es poner nuestro foco de atención en la maestría que se origina en las "casi victorias".

Lewis observó, como parte de su trabajo de investigación, el comportamiento de un grupo de arqueros. Se dio cuenta de que la pretensión de ellos era dar en el centro de la diana, pero su razón de ser como arquero era la constante persecución de la experticia y poder así repetir esos aciertos.

Tú eliges si lo que quieres es estar a la caza del éxito o en la búsqueda de la maestría. Recuerda las palabras de Tom Kelley: "Fracasa (llámale "fracaso exitoso") a menudo para que puedas tener éxito (llámale "casi victoria") pronto".

Empieza a acumular el máximo posible de "casi victorias".

Lo que hace la *"casi victoria"* es desvelar con fuerza tu aprendizaje. El llamado éxito no suele dejar pistas claras en cuanto adiestramiento, cómo si lo hace la frustración y, en cualquier caso, ambos esconden aprendizajes. Así lo expresa Charles Dickens: "Cada fracaso enseña al hombre lo que necesitaba aprender".

Cuarta Parte. Las "casi victorias" y los "fracasos exitosos".

Cuando el arquero acierta, no significa que no tenga aún más aprendizajes que adquirir, supone que ha acertado sin más.

Por otro lado, Bernardo Stamateas en su libro *Fracasos exitosos: como crecer a partir de nuestros errores y detectar las oportunidades que hay en cada fracaso* se refiere en unos términos parecidos a los que hace Sarah Lewis. En lugar de "casi victorias" habla de "fracasos exitosos", entendiendo a la decepción como parte del camino a la victoria.

Establece una importante distinción entre "fracasar" y "ser fracasado". Para Stamateas el fracaso significa aceptar el error y aprender de él, y ser fracasado es quedarse a vivir en el fracaso.

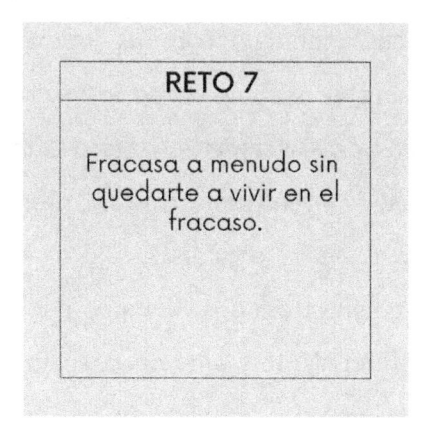

RETO 7

Fracasa a menudo sin quedarte a vivir en el fracaso.

El fracaso no determina, o no debería decretar, tu condición de fracasado.

El fracaso, o mejor dicho la sensación de fracaso, no te libera de incomodidades y frustraciones. Entender esa situación que vives como "casi victoria" o "fracaso exitoso" te ayuda a liberar tu potencial para seguir avanzando hacia la maestría.

Un ejemplo de cómo afrontar estas situaciones la encontramos en los investigadores y científicos Spencer Silver y Arthur Fry.

A finales de los 60, cuando Spencer Silver, científico de 3M Corporate, indagaba en el laboratorio, cómo crear un nuevo tipo de pegamento más fuerte y resistente. Sus intentos resultaron fallidos, pues lo que consiguió fue un adhesivo ligeramente pegajoso, que no reunía las características del que pretendía obtener.

Durante años continuó con sus intentos de forma infructuosa, sin encontrar algún tipo de aplicación para ese descubrimiento, "casi victoria" o "fracaso exitoso". En esos años, promovió su invento dentro de 3M, hasta el punto de que los colegas de su organización le llamaban el "Sr. Persistente" debido a esa perseverancia por encontrar un uso a su descubrimiento. Como decía Thomas A. Edison: "Muchos de los fracasos en la vida son de personas que no se dan cuenta de lo cerca que estaban del éxito cuando se dieron por vencidos".

Fue en 1974, cuando un compañero suyo Arthur Fry, también científico de 3M, dio con una utilidad para el adhesivo. Fry cantaba todos los miércoles por la noche en el coro de su iglesia presbiteriana local. En sus ensayos, tenía por costumbre usar tiras de papel, como separadores para señalar las páginas con los himnos que se iban a cantar y así poder ir con rapidez a cada uno de ellos.

Cuando llegó el sermón del domingo, descubrió que los trozos de papel se habían caído, tal y como sucedía con frecuencia, de su libro. Recordó el adhesivo del Dr. Silver y decidió probarlos a modo de separadores de sus himnos. El adherente era perfecto, se pegaba ligero, y a la vez sujeto con firmeza a las páginas, se podía retirar sin dañar la superficie, escribir encima y usarse una y otra vez.

Fry hizo algunos ajustes y retoques en la formulación para mejorar el producto y decidió distribuirlos al interior de toda la organización y conservó un registro de su uso.

La dirección de la empresa mantuvo serias reticencias sobre las posibilidades reales del producto y de hecho en 1977 cuando se introdujo por primera vez en el mercado, como Post-it Note, tuvo unas ventas muy discretas. Pero fue años después, que se convirtió en uno de los productos de oficina más conocidos y vendidos en más de 100 países. Arthur Fry confió en sus instintos. Sí, en ¡sus instintos!

Mel Robbins habla, en su libro *El poder de los 5 segundos. Sé valiente en el día y transforma tu vida*, de unas investigaciones realizadas por la Universidad de Arizona que han demostrado que hay una potente conexión entre el cerebro y el instinto de actuar. Robbins lo explica así: "Imagínate que tu objetivo es estar un poco más saludable. Si entras en una sala de estar, no sucede nada. En cambio, si pasas por delante de un gimnasio, se encenderá tu córtex prefrontal porque estarás cerca de algo relacionado con estar más saludable. Cuando hayas dejado atrás el gimnasio, tendrás la sensación de que tendrías que hacer ejercicio. Esto es un instinto que te recuerda tu objetivo. Esta es tu sabiduría interior y es importante prestarle atención, sin importar lo pequeño o absurdo que pueda parecer el instinto".

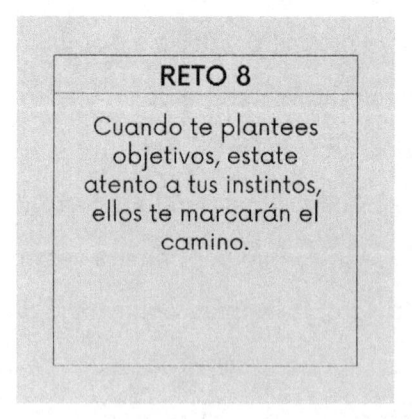

> **RETO 8**
>
> Cuando te plantees objetivos, estate atento a tus instintos, ellos te marcarán el camino.

Cuarta Parte. Las "casi victorias" y los "fracasos exitosos".

Este instinto se activa en relación con lo qué estás prestando atención y de ello hablaremos más en el capítulo: "La vida responde de acuerdo con lo que buscas".

Sawubona. El poder de SER apreciativo.

El éxito con sentido.

> *"El Ser no se identifica con el fracaso y el éxito.*
> *Aprende de ambos y va más allá".*
>
> Nisargadatta

Viktor Frankl sostenía que la vida de una persona no puede tener cabida en la dicotomía éxito-fracaso, es más, consideraba que vivir en esa permanente disyuntiva, era una forma de neurosis.

Muchas personas tienen una visión muy lineal y entienden su grado de satisfacción en la vida en base al contraste: éxito-fracaso. Aquí encajan perfectamente las palabras del escritor británico Joseph Rudyard Kipling cuando dice: "Al éxito y al fracaso, esos dos impostores, trátalos siempre con la misma indiferencia".

Frankl distingue un *"homo faber"* y un *"homo patiens"*. El primero viene a representar a la persona triunfadora, que se mueve entre las categorías éxito o fracaso. Vive, conoce y piensa basándose en estas dos condiciones. Actúa desde la ética del éxito y su foco de atención está en el hacer, en producir y cosechar triunfos.

El *"homo patiens"* evalúa su vida a la luz de las categorías del sentido (realización) o del sinsentido (desesperación, apatía). Si vive con sentido, acepta el sufrimiento, el fracaso y los aspectos negativos como actos llenos de propósito, transformándolos en algo positivo. Su esencia se encuentra en la ética de la plenitud, que le permite transfigurar la desesperación en crecimiento.

¿Puedes sentirte vacío siendo exitoso? Es el caso de la persona "exitosa" que ha perdido en su gloria el derrotero de su vida. Este individuo puede llegar a sentirse incluso apático y hastiado, vacuo en la "locura" de su éxito. A este vacío, Frankl le llamó *"vacío existencial"*.

¿Puedes alcanzar una vida con sentido en el fracaso? Hay personas que saben encontrar propósito en las situaciones más difíciles, y saben realizarse a pesar o incluso, gracias, a ese aparente fracaso, pues como indica Frankl: "La falta de éxito no significa falta de sentido".

El mismo Viktor Frankl explica una situación de cómo una persona estando en el sufrimiento supo encontrar sentido a lo que estaba viviendo*:* "Vino a visitarme un doctor, durante muchos años dedicado al ejercicio de la medicina práctica. Hacía un año que había muerto su mujer, a la que amaba más que a todas las cosas del mundo, y se sentía incapaz de sobreponerse a esta pérdida. Pregunté a este paciente, aquejado por una grave depresión, si había reflexionado sobre lo que habría ocurrido si las cosas hubieran sucedido al revés, es decir, si él hubiera muerto antes que su mujer".

"Inimaginable", respondió. "Se habría hundido en la desesperación".

"Entonces, sólo necesité hacerle caer en la cuenta: "Vea usted, todo esto se le ha ahorrado a su mujer, aunque ciertamente ahorrado al precio de que sea usted ahora el que cargue con la tristeza". En aquel preciso instante, su sufrimiento adquirió un sentido: el sentido de un sacrificio. No podía cambiar ni un ápice el destino. Pero había cambiado la actitud. El destino le había arrebatado la posibilidad de cumplir su sentido en el amor. Pero le quedaba la posibilidad de adoptar, frente a este destino, la actitud adecuada".

Con base en este *"homo faber"* y *"homo patiens"* y sus diferentes categorías, Frankl establece dos ejes: uno horizontal entre el éxito y el fracaso que adopta el *"homo faber"* y otro vertical, entre el sentido (realización) o el sinsentido (desesperación, apatía), que corresponde al *"homo patiens"*.

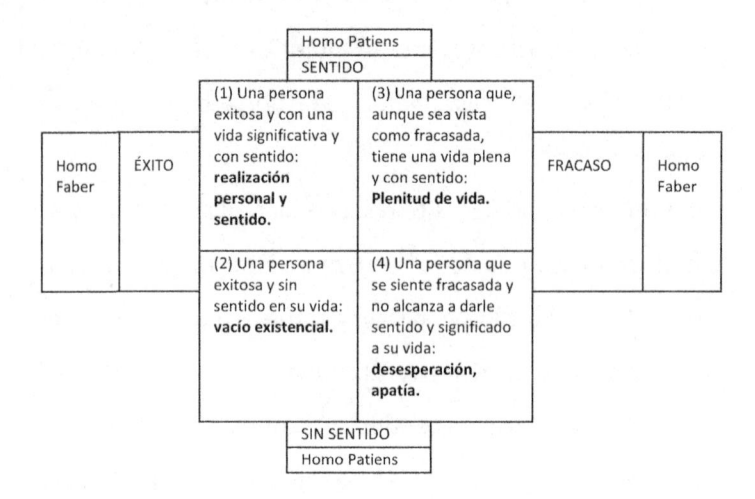

		Homo Patiens			
		SENTIDO			
Homo Faber	ÉXITO	(1) Una persona exitosa y con una vida significativa y con sentido: **realización personal y sentido.**	(3) Una persona que, aunque sea vista como fracasada, tiene una vida plena y con sentido: **Plenitud de vida.**	FRACASO	Homo Faber
		(2) Una persona exitosa y sin sentido en su vida: **vacío existencial.**	(4) Una persona que se siente fracasada y no alcanza a darle sentido y significado a su vida: **desesperación, apatía.**		
		SIN SENTIDO			
		Homo Patiens			

Las personas nos movemos en ese eje horizontal y en el eje vertical. El resultado de estos dos ejes con su par de categorías son cuatro cuadrantes, que simbolizan la forma en que podemos valorar la vida desde la conjunción del eje horizontal: éxito-fracaso y del eje vertical: sentido-sin sentido.

Estos son ejemplos de los cuatro cuadrantes:

1. Una persona exitosa y con una vida significativa y con sentido.
2. Una persona exitosa y sin sentido en su vida.
3. Una persona que, aunque sea vista "socialmente hablando" como fracasada, tiene una vida plena y con sentido.
4. Una persona que se siente fracasada y no alcanza a darle sentido y significado a su vida.

¿En qué parte del cuadrante, superior o inferior estás o quieres estar? El objetivo es ir en la búsqueda de los cuadrantes superiores, estando siempre atento a dar sentido a tu vida.

En la esfera más interna y personal, lo importante va a ser la búsqueda de la maestría en lo que realizas, sea lo que sea que estés haciendo.

Sawubona. El poder de SER apreciativo.

Cuarta Parte. La posibilidad irradiadora.

La posibilidad irradiadora.

> *"Utiliza en la vida los talentos que poseas:*
> *el bosque estaría muy silencioso*
> *si sólo cantasen los pájaros que mejor cantan".*
>
> Henry Van Dyke

El director de la orquesta filarmónica de Boston, conferenciante, escritor y profesor en el Conservatorio de Música de Nueva Inglaterra, Benjamin Zander hace referencia, en sus libros y charlas, a la forma en que las personas vivimos y entendemos el éxito y el fracaso y según él, lo podemos hacer desde la espiral descendente o a partir de la posibilidad irradiadora.

A menudo, nos relacionamos con el mundo desde la espiral descendente, donde puede haber éxito o fracaso. Lo que resulta curioso, es que muchas personas no consiguen el triunfo, debido a los miedos y ansiedades que experimentan por la búsqueda del perfeccionismo, la competencia profesional, la presión social, etc.

En la posibilidad irradiadora, no hay éxito o fracaso. Es una perspectiva del mundo diferente. Es la esfera de las probabilidades y crece en todas las direcciones. Aquí en la posibilidad irradiadora, cualquier error es un motivo de celebración.

> **RETO 9**
>
> Haz de todo error un motivo de celebración.

Zander en su rol como docente, invita a sus alumnos a salir de la espiral descendente y superar sus miedos, sus ansiedades y alcanzar sus objetivos, explorando la posibilidad radiante. Para ello, pone a sus alumnos, al inicio de la primera clase, un sobresaliente y les propone que escriban una carta con un encabezamiento del tipo "Estimado Sr. Zander, obtuve mi "A" (sobresaliente) porque...", y entonces desarrollan una descripción de los comportamientos que van a hacer para alcanzar esa nota.

Es una invitación a apreciar quien ya eres.

Zander, en sus charlas y escritos, exhorta a las personas a que den un sobresaliente a todo el mundo, al dependiente, al camarero, a cualquier individuo con el que interactúan de alguna manera. Es una propuesta de ver a los demás, desde una mirada apreciativa, sin olvidarte de darte ese sobresaliente a ti también.

La reflexión que me viene para cerrar este capítulo que hemos tratado los éxitos, los fracasos, las "casi victorias", los "fracasos exitosos" y los errores, son unas palabras de Miles Davis: "No temas a los errores: no los hay".

Te invito a leer de nuevo la frase, esta vez, acompañándola de un espacio de silencio, dándote cuenta de lo que surge en ti y llévatelo contigo: "No temas a los errores: no los hay".

Sawubona. El poder de SER apreciativo.

Atribución Estable-Inestable.

> *"La realidad se resume en dos palabras: permanente impermanencia".*
> Alejandro Jodorowski

¿Qué es más lógico creer, que con el tiempo la SITUACIÓN NO DESEADA, que puedes estar viviendo en este momento, va a cambiar o que va a permanecer igual?

La creencia de que las circunstancias en que estamos no van a permutar, no facilita el presente de nuestro día a día, pues no nos permite acceder a un nivel de confianza suficiente, para afrontar esa situación y tampoco ayuda a generar mejores expectativas de futuro.

Lo positivo, lo deseable y lógico (¿o no?) es creer y confiar en que esto que vivimos va a cambiar en algún momento y, por tanto, que no puede mantenerse de igual modo y que, con el paso del tiempo, se va a transformar.

Por otro lado, ¿Qué es más lógico creer, que con el tiempo la SITUACIÓN DESEADA, que puedes estar viviendo en este momento, va a permanecer igual o que va a cambiar?

Podemos considerar que la situación en la que estamos, llevados por una perspectiva alimentada de un cierto positivismo ingenuo, va a ser permanente e invariable en el tiempo.

Hacemos aquí una atribución estable, consecuencia de un malentendido positivismo o si quieres decirlo de otro modo, uno que está lejos de la realidad.

La lectura del siguiente cuento te puede orientar mejor sobre lo que aquí te pretendo transmitir.

En una ocasión un rey de un país no muy lejano se dirigió a los sabios de su reino y les comunicó:

—He fabricado un anillo y quiero ocultar en él algún tipo de mensaje que me sirva, a mí o mis herederos, en el futuro en caso de momentos difíciles y de crisis. Debe ser breve para que pueda ser grabado en el anillo.

Todos los ahí reunidos eran sabios y grandes eruditos; pero ninguno era capaz de dar con un buen mensaje que contuviera pocas palabras, aun cuando buscaron en los mejores libros de ciencia y filosofía.

El rey al darse cuenta de la dificultad acudió a un anciano sirviente muy querido, que, en su momento, asistió a su padre y este le dijo: "No soy un sabio, ni un erudito, ni un académico, pero conozco el mensaje".

El anciano pidió prestado al anillo con la intención de grabar en él la frase y añadió: "No lo lea ahora. Hágalo cuando no encuentre salida a una situación difícil y también en circunstancias felices".

Ese día no tardó en llegar. El país se vio envuelto en una gran guerra con sus vecinos, la crisis se hizo protagonista. Tanto el rey como los habitantes del reino se encontraban desesperados y desanimados por los acontecimientos.

Fue en esos momentos que el rey recordó el mensaje oculto en el anillo que, hasta ese día, desconocía. Sacó el aro y leyó la frase grabada: "ESTO TAMBIÉN PASARÁ".

Volvió a ponerse el anillo, reunió a sus ejércitos y reconquistó el reino. Hubo una gran celebración que el rey quiso compartir con el anciano y aprovechó, para agradecer como esas palabras le ayudaron en esos tiempos difíciles.

El viejo le invito a ver de nuevo el mensaje y le dijo: "Este momento también es adecuado para que lo vuelva a leer".

El rey sorprendido pues la situación actual era de alegría y celebración leyó el mensaje "ESTO TAMBIEN PASARÁ".

En ese preciso instante el rey tomo conciencia de la profundidad de esas palabras y supo que ese mensaje no era solo válido para situaciones difíciles, también ante circunstancias placenteras.

El anciano añadió como reflexión final: "Todo en esta vida es temporal, así que, si las cosas van bien, disfrútelas porque no será así para siempre y si las cosas van mal, recuerde que tampoco no van a durar para la eternidad. No significa que tenga que estar en la inacción y no ponga remedio, pero reconozca al tiempo que celebra o mientras persevera en su esfuerzo, que tanto lo malo como lo bueno va a ser transitorio".

Cuarta Parte. Mentalidad fija y mentalidad de crecimiento.

Mentalidad fija y mentalidad de crecimiento.

*"Si eres flexible,
te mantendrás recto".*

Las Tsé

La psicóloga e investigadora Carol Dweck de la Universidad de Stanford, estudió la reacción de miles de niños ante los desafíos y, a tal efecto, propuso a chicos de 10 años, resolver problemas de matemáticas para los que habían sido preparados. Dweck descubrió que mostraban dos formas distintas de afrontar los retos y las dificultades.

Se dio cuenta de que una parte de los niños se sentían desesperanzados, frustrados e indefensos, incluso antes de iniciar los ejercicios.

Mientras que el otro grupo, reaccionaba de forma positiva y entusiasta a su propuesta, y se tomaban la experiencia como una oportunidad para aprender y podían, por tanto, desarrollar sus habilidades con el ejercicio.

Al primer grupo de niños, los identificó como de mentalidad fija y, al otro, de mentalidad de crecimiento.

Las personas con mentalidad fija suponen que sus habilidades son estáticas, y esto les lleva a considerar que será difícil que puedan cambiar y les crea la necesidad de demostrar su valía. Su mentalidad fija les hace alejarse de la idea de lo cambiante, de la volatilidad de las cosas y del mundo que vivimos.

Su aprendizaje puede ser muy dificultoso, pues observan su situación actual, sus cualidades y habilidades, desde una mirada fija, en el sentido que ven esas condiciones a partir de lo estático y se nutren de la creencia "esto es lo que hay y no hay más".

Las personas con mentalidad fija tienen, además, tendencia a evitar los desafíos, rendirse con cierta facilidad, ignorar las críticas de los demás y ver el esfuerzo como algo infructuoso y solo útil y necesario para aquellos que carecen de talento. Están siempre en peligro que el fracaso les defina.

La mentalidad de crecimiento corresponde a quienes consideran que sus cualidades tienen el potencial de mejorar y pueden crecer con el aprendizaje continuo y la experiencia. Todo ello es visto por estas personas como producto de su esfuerzo y persistencia antes los desafíos y obstáculos que aparecen.

Saben que su aprendizaje es cambiante en el tiempo y aceptan y reconocen, que sus actuales recursos o fortalezas, son el punto de partida que tienen en los momentos que emprenden nuevos retos.

También saben que esos recursos son, al mismo tiempo, su potencial. En otras palabras, una vez puestos en acción, se incrementan. Aceptan las críticas como parte de ese aprendizaje y se inspiran con los éxitos de los demás.

Una importante distinción, que establece Carol Dweck, entre ambos razonamientos es que: "Gran parte de las personas con una mentalidad de crecimiento ni siquiera planean llegar a la cumbre; llegan a ella como resultado de hacer lo que aman. Esto es irónico: la cima es donde el hambre de las personas que tienen mentalidad fija les quiere hacer llegar, pero es donde llega mucha gente que tiene mentalidad de crecimiento, como una consecuencia del entusiasmo".

Precisamente del entusiasmo hablaremos en el capítulo de ilusión positiva y el entusiasmo.

RETO 10

Mantén en los desafíos que la vida te plantee una mentalidad de crecimiento.

Sawubona. El poder de SER apreciativo.

La fuerza del "todavía".

> *"Hoy es siempre todavía, toda la vida es ahora. Y ahora, ahora es el momento de cumplir las promesas que nos hicimos. Porque ayer no lo hicimos, porque mañana es tarde. Ahora."*
>
> Antonio Machado

¿Cuál es tu frase más habitual cuando estás aprendiendo algo: "No sé hacerlo" o "No sé hacerlo todavía"?

Ambas expresiones tienen en común admitir que: "No sé hacerlo". ¿Cuál es la diferencia? La divergencia es que la primera oración da a entender que la situación es más bien permanente y trasmite una idea fija. La segunda frase, incluye la palabra *"todavía"* y esa circunstancia, marca la diferencia entre ambas.

Ese *"todavía"* da un significado cambiante y variable a la situación actual y, por tanto, abre la posibilidad de llegar a saber como obrar y, además, es un indicativo de que estás en ello, en el proceso.

A esto, Dweck le llama el *"The power of yet"*, que viene a ser "el poder del todavía".

La expresión "No sé hacerlo" es propia de la mentalidad fija y la otra frase, "No sé hacerlo todavía" es de mentalidad de crecimiento. El "todavía" forma parte de una atribulación inestable y de una persona con mentalidad de crecimiento.

El "todavía" significa que el proceso de aprendizaje está vivo y que estás en el camino hacia la maestría, a través de recursos que ya se han manifestado y de un potencial que en proceso de florecer.

Tuve ocasión de leer una entrevista a Diana Orero, especialista en comunicación y pensamiento creativo. En ella comentaba una situación vivida por una amiga suya y que está relacionada con el poder del todavía: "En un periodo oscuro, mi amiga Carmen fue a una revisión ginecológica. El médico le preguntó qué había estudiado. Ella le dijo que no había acabado la carrera. 'Todavía', contestó él. Le preguntó en qué trabajaba, 'No tengo trabajo' y él volvió a repetir: 'Todavía'. Finalmente le preguntó si tenía pareja, y una vez más, ella le dijo que no, y él repitió: 'Todavía'". Añade, Diana Orero: "Todavía se convirtió en su palabra talismán".

RETO 11

Haz del "todavía" tu palabra talismán.

Sawubona. El poder de SER apreciativo.

El devenir y la impermanencia.

> *"El devenir es mucho más sabio que nuestras ideas o planes".*
>
> Pablo d'Ors

Reconocer y asumir la imposibilidad de permanencia de las cosas, situaciones, personas, relaciones, etc., tal cual son y existen hoy en día, nos acerca a la realidad. Cuando damos esta visión inestable, no permanente y de aproximación a nuestra existencia, damos un derrotero positivo a lo que estamos viviendo y a los resultados que obtenemos en ese existir.

Es este el sentido positivo real (de realidad si se me permite), diferente al que en ocasiones se concibe por algunos desde la óptica positiva que termina siendo irreal.

Como hemos visto, atribuir estabilidad, no ayuda en las situaciones no deseadas y tampoco aporta, en los casos de circunstancias anheladas, aunque eso es lo que en un malentendido positivismo hacemos a veces.

Lo erróneo, desde un cierto optimismo ingenuo, es creer que aquello que es satisfactorio o de nuestro agrado y deseo, va a mantenerse permanente en el tiempo.

Esta visión no tiene nada de positiva pues no es real y es la justamente impermanencia de la existencia lo que tiene un efecto positivo. Es gracias, a esa transitoriedad que existe la vida. La temporalidad permite que la semilla se trans-forme en flor, que el bebé se convierta en adulto, que al día le siga la noche, etc.

Aún así, ante estas situaciones consideradas exitosas, tendemos a atribuir a ese escenario como estable. Nos apegamos y aferramos a lo que está sucediendo, bajo el deseo de mantener esa situación en el modo y la forma actual, y queremos que se mantenga así *ad infinitum* y mucho más.

Como ya sabes, atribuir estabilidad, te va a acercar a una mentalidad más o menos fija, y lo contrario arrogar inestabilidad, te aproxima a una forma de pensar más bien de crecimiento.

Si atribuir inestabilidad nos ayuda a transitar frente la realidad, que se nos presenta siempre cambiante, otorgar estabilidad, nos puede alejar en la mayoría de los casos de esa realidad. Como señala Pema Chödrön: "En el proceso de tratar de negar que las cosas cambian constantemente perdemos el sentido de la sacralidad de la vida. Tendemos a olvidar que somos parte del esquema natural de las cosas. La impermanencia es un principio de armonía. Cuando no luchamos con ella, estamos en armonía con la realidad".

Cuarta Parte. El devenir y la impermanencia.

Nos relacionamos con la realidad contra natura, cuando esperamos que la vida, el Universo o el mundo, pon el nombre que te encaje más, se mantenga sin cambios en el punto en el que están.

RETO 12

Reconoce y asume de forma natural,
la impermanencia de las cosas, las situaciones y las relaciones.

Nos relacionamos mejor con la realidad, cuando la observamos como algo cambiante, tanto si lo que está sucediendo (o nos ocurre) es, o no, de nuestro agrado.

RETO 13

Libérate de todo apego.
Sabiendo que "esto", "aquello" y "lo otro" también pasarán.

En este sentido, hay una buena noticia. Como nos dice el maestro budista zen vietnamita, Thich Nhat Hanh, en su libro *El arte de vivir. Elige la paz y la libertad. Aquí y ahora*: "Y la buena noticia es que el sufrimiento y la felicidad son impermanentes".

Es justo esa impermanencia, recuerde "esto también pasará", la que nos ofrece según Thich Nhat Hanh, posibilidades de acción frente al sufrimiento y la felicidad: "Nuestro sufrimiento es impermanente y por eso podemos transformarlo. Y como la felicidad es impermanente, por eso debemos alimentarla".

> **RETO 14**
>
> Transforma el sufrimiento, es impermanente. Alimenta la felicidad, es impermanente.

¿Estas de acuerdo con la verdad de la impermanencia? Y aún, si es ¿Cuál crees que es el problema?

La respuesta nos la da de nuevo el maestro budista Thich Nhat Hanh: "Podemos estar de acuerdo con la verdad de la impermanencia y, sin embargo, aún nos comportamos como si todo fuera permanente".

Cuídate de no hacerte trampas y no caer en el engaño de la persistencia, bajo la creencia que eso es lo positivo. Compórtate sabiendo que todo es impermanente. Eso es lo positivo.

Sawubona. El poder de SER apreciativo.

Atribución Controlable-Incontrolable.

> *"Las personas que sitúan el centro de control dentro de ellas mismas y piensan que su futuro depende de lo que hagan o dejen de hacer –un pilar fundamental del pensamiento optimista– se enfrentan a los peligros de forma más segura y precavida, y tienen más probabilidades de sobrevivir que quienes están convencidos de que el control de la situación está fuera de ellos".*
>
> Luis Rojas Marcos

La atribución incontrolable-controlable se vincula al grado de influencia o control, que tiene la persona con relación a la causa que se entiende genera el éxito o fracaso de la situación.

Solemos tener algún tipo de creencia, que puede ajustarse o no a la realidad, acerca de cuánto control o influencia podemos ejercer, sobre los eventos que nos afectan en nuestra vida.

Se entiende de forma más bien generalizada, que lo importante es no quedarte en la inacción y centrarte en aquellos factores en los que tengas una incidencia lo más directa posible. Para Luis Rojas Marcos, la tendencia a localizar el centro de control de nuestras decisiones dentro de uno mismo es uno de los pilares fundamentales de la visión optimista.

Y algo que podría sorprenderte es que, después de diferentes intentos que hayas ejecutado, es posible que llegues a la profunda y plena convicción, de que, en términos objetivos, no puedes realizar lo que te estás proponiendo. En ese caso, quizás te ayuden las palabras de Pablo d'Ors que en su libro *Biografía del Silencio* comparte: "Descubrir que uno no puede realizar determinada tarea, por ejemplo, no tiene por qué ser un problema; puede ser una liberación".

Es esta afirmación de Pablo D'ors una muestra más de lo que significa apreciar lo que hay en toda su dimensión.

La ilusión de control.

"Lo que urge aprender es que no somos dioses, que no podemos -ni debemos– someter la vida a nuestros caprichos; que no es el mundo quien debe ajustarse a nuestros deseos, sino nuestros deseos a las posibilidades que ofrece el mundo".

Pablo d'Ors

William Sanderson, psicólogo de la Universidad de Rutgers, junto con dos compañeros suyos, realizó un estudio sobre el grado de influencia que ejerce en las personas, la sensación de control y la ausencia de esta.

Para ello propusieron a 20 pacientes, propensos a ataques de pánico, que inhalarán durante 15 minutos aire contaminado con 5,5 % de dióxido de carbono que provoca este tipo de ataques. Antes de dar inicio a la prueba, se comunicó a un grupo de voluntarios que podrían manipular o controlar la cantidad de gas tóxico, a través de una llave. En realidad, su posible acción no modificaba el volumen de gas. Por el contrario, a los otros colaboradores se les dijo que no les era factible intervenir el gas.

El resultado de la prueba indicó que, del conjunto que estaba seguro de no tener control, un 80% experimentó ataques de pánico. Del que creía ("erróneamente") estar al mando, solo un 20% padeció algún tipo de incidencia.

El estudio puso de relieve cómo la percepción de control de la inhalación disminuía, la probabilidad de tener un ataque de pánico. A esta sensación de dominio sobre algo, cuando en realidad no se tiene, se denomina ilusión de control.

La persona en la ilusión de control actúa como si pudiera supervisar e influir en los resultados, cuando en realidad no tiene ninguna influencia en el mismo.

La sensación de tener el control amortigua las posibles emociones negativas y minimiza o evita la aparición de estados de ansiedad. En sentido contrario, la perdida o falta de control podría ser un síntoma de ansiedad y, en cualquier caso, puede despertar en la persona un sentimiento de indefensión, que le dejaría sentirse impotente y víctima de la situación.

El origen de la ilusión de control se encuentra en los trabajos originales que realizó la psicóloga Ellen Langer, con diferentes experimentos por lo general incontrolables, como la lotería y los juegos de azar del tipo, de cartas y de dados.

Langer observó que algunas personas pueden llegar a creer, de manera ilusoria, que les es posible controlar el resultado a través de ciertas capacidades o habilidades. En realidad, con ese comportamiento, no pueden influenciar en las probabilidades de ganar.

En este sentido, es curiosa la manera en que se establecen ciertas actuaciones creyendo, por error, que es factible influir en el resultado, como la forma de lanzar los dados, tirando con fuerza o suavidad, o soplar antes de arrojarlos. De hecho, los jugadores tienen más sensación de control, si avientan ellos los dados en lugar de hacerlo otra persona.

Se demostró que, incluso cuando algo es dependiente del azar, puedes caer en la tentación de sentir que tienes de alguna manera, influencia en la consecuencia. El jugador actúa bajo la creencia de que el premio es resultado y efecto de "sus destrezas" como aventar los dados determinada manera.

Otro comportamiento que llama la atención es que los jugadores tienden a fijarse más en las veces que ganan, que en aquellas en las que pierden. Esto nos puede llevar a reflexionar que en estos jugadores hay un cierto grado de "erróneo optimismo" al no querer observar las pérdidas y quedarse atrapado en las ocasiones que gana.

Una de las razones por las que ciertos jugadores, siguen apostando y perdiendo dinero, dejando de lado, lo que no significa que no sea importante, una posible adicción a la que pueden estar sometidos, es la fe que tienen habilidades y conocimientos que les van a servir a ganar mucho dinero en algún momento.

La creencia está relacionada, por un lado, con la idea del "yo puedo", "yo soy capaz", o el "tú puedes", "tú eres capaz" y con la "ilusión de confianza" que hablaremos más adelante.

En otro famoso experimento de Langer, un grupo de personas recibió boletos de lotería con un número asignado, mientras que a otro grupo se les permitió que escogieran el número que desearan. Justo antes de que se anunciase la cifra ganadora, los investigadores ofrecen comprar los boletos a los participantes. La probabilidad de ganar es la misma, tanto en un grupo como en otro y, por ende, uno podría esperar que el precio al cual estarían dispuestos a vender los boletos fuera el mismo en los dos grupos.

Sin embargo, lo que este experimento ha revelado, en diferentes países y grupos demográficos, es que el precio promedio al cual están dispuestos a vender es cinco veces mayor entre quienes tuvieron la oportunidad de escoger su número.

Lo que el experimento probó fue que los participantes del grupo, que habían elegido ellos mismos el número, creían que sus boletos tenían más valor y que era más probable que fueran los premiados.

Cuarta Parte. La ilusión de control.

Lo contrario a la ilusión de control es la indefensión o impotencia aprendida. Esta aparece cuando la persona, ante los obstáculos a los que se va enfrentando, se cree impotente, por los aprendizajes adquiridos, para hacer cambios e incluso incapaz de controlar su vida.

La conocida historia del *Elefante encadenado* de Jorge Bucay, de su libro *"Déjame que te cuente",* es un buen ejemplo de indefensión aprendida:

"Había una vez un niño muy curioso, sensible e inquieto que fue al circo y se quedó maravillado al ver la actuación de un gigantesco elefante. En el transcurso de la función, el majestuoso animal hizo gala de un peso, un tamaño y una fuerza descomunales... Durante el intermedio del espectáculo, el niño se quedó todavía más sorprendido al ver que la enorme bestia permanecía atada a una pequeña estaca clavada en el suelo con una minúscula cadena que aprisionaba una de sus patas.

» ¿Cómo puede ser que semejante elefante, capaz de arrancar un árbol de cuajo, sea preso de un insignificante pedazo de madera apenas enterrado unos centímetros del suelo?", se preguntó el niño para sus adentros.

» Pudiendo liberarse con facilidad de esa cadena, ¿por qué no huye de ahí?, siguió pensando el niño en su fuero interno.

» Finalmente, compartió sus pensamientos con su padre, a quién le preguntó: '¿Papá, por qué el elefante no se escapa?'

» Y el padre, sin darle demasiada importancia, le respondió: 'Pues porque está amaestrado'.

» Aquella respuesta no fue suficiente para el niño. 'Y entonces, ¿por qué lo encadenan?', insistió.

» El padre se encogió de hombros y, sin saber qué contestarle, le dijo: 'Ni idea'.

» Seguidamente, le pidió a su hijo que le esperara sentado, que iba un momento al baño.

» Nada más irse el padre, un anciano muy sabio que estaba junto a ellos, y que había escuchado toda su conversación, respondió al chaval su pregunta: 'El elefante del circo no se escapa porque ha estado atado a esa misma estaca desde que era muy, muy, muy pequeño'.

» Seguidamente, el niño cerró los ojos y se imaginó al indefenso elefantito recién nacido sujeto a la estaca.

» Mientras, el abuelo continuó con su explicación: 'Estoy seguro de que el pequeño elefante intentó con todas sus fuerzas liberar su pierna de aquella cadena. Sin embargo, a pesar de todos sus esfuerzos, no lo consiguió porque aquella estaca era demasiado dura y resistente para él'. Las palabras del anciano provocaron que el niño se imaginara al elefante durmiéndose cada noche de agotamiento y extenuación.

» 'Después de que el elefante intentará un día tras otro liberarse de aquella cadena sin conseguirlo', continuó el anciano, 'llegó un momento terrible en su historia: el día que se resignó a su destino'.

» Finalmente, el sabio miró al niño a los ojos y concluyó: 'Ese enorme y poderoso elefante que tienes delante de ti no escapa porque cree que no puede. Todavía tiene grabado en su memoria la impotencia que sintió después de nacer. Y lo peor de todo es que no ha vuelto a cuestionar ese recuerdo. Jamás ha vuelto a poner a prueba su fuerza. Está tan resignado y se siente tan impotente que ya ni se lo plantea'.

Los hallazgos sobre la indefensión aprendida tienen su origen en los trabajos realizados por Martin Seligman, al darse cuenta del comportamiento pasivo que tenían algunos perros ante situaciones dolorosas, por ejemplo: descargas eléctricas. De la misma manera que el elefante de la historia, los perros habían "aprendido" a dar ese tipo de respuesta, cuando, de hecho, tenían la opción de poder actuar de forma activa y evitar el dolor.

Tiempo después, otros investigadores profundizaron en estas exploraciones, pero aplicadas a seres humanos y llegaron a conclusiones similares.

Es desde la reformulación de la indefensión aprendida, que Martin Seligman y sus colegas dan pie al estudio del optimismo, como contraposición a la negatividad, que conlleva la indefensión aprendida.

Aprendemos a comportarnos de determinada manera, y en el caso de la indefensión aprendida, la respuesta a los acontecimientos es a menudo la pasividad, la inacción o paralización, al tener la percepción de no poseer el control del resultado.

A pesar de que la situación, en realidad, ofrece oportunidades de acción y cambio, la persona en la indefensión aprendida no actúa teniendo la posibilidad de hacerlo.

Si te sientes en ocasiones atrapado en la indefensión aprendida retén en tus adentros las palabras de Abraham Maslow: "Si decides ser menos de lo que eres capaz de llegar a ser, te condenarás a ser profundamente infeliz porque durante el resto de tu vida estarás escapando de tus capacidades y de tus posibilidades".

Así pues: No te escapes de tus capacidades y de tus posibilidades.

La indefensión aprendida tiene su origen, en gran parte, en el estilo de educación recibido y, en esencia, proviene de un estilo parental autoritario ("si sucede x, estarás castigado"), controlador ("cuidado con lo haces") o sobreprotector ("déjame hacerlo a mi", "ya lo hago yo").

Cuarta Parte. La ilusión de control.

Estos estilos llevan a la dificultad de tomar decisiones, al abandono de la acción, la resignación, la creencia de la imposibilidad de logro y afecta a la perdida de la autoestima. El resultado son adultos con un bajo sentido de la responsabilidad, con una autonomía limitada, faltos de iniciativa y reacios a la experimentación.

RETO 15

No escapes de tus capacidades y posibilidades. Atrévete a dar tu mejor versión.

Sawubona. El poder de SER apreciativo.

La percepción de control y la realidad objetiva.

"La pérdida de cosas materiales puede ofrecer muchas lecciones necesarias, no mayores, sin embargo, que la verdad acerca de que el hombre no tiene control sobre nada y no tiene la certeza del uso permanente de nada, excepto de su propio poder de pensamiento".

Napoleon Hill

Es importante tomar consciencia de si es real y objetiva la percepción que tienes, y si se dan las circunstancias para poder controlar e influir en el resultado.

Para ello hemos de observar dos variables que debemos de tener en cuenta: Juicio de control y Control objetivo, que pueden ser positivas o nulas. La combinación de cada una de ellas origina diferentes posibilidades.

Juicio de Control: positivo o nulo.

El Juicio de Control es la interpretación que, con base en las creencias, experiencias o incluso estado de ánimo, hace la persona de poder o no, controlar e influir sobre la situación.

El juicio de control puede ser:

- *Juicio de control positivo,* cuando la persona percibe que tiene control y poder para influir en el resultado o

- *Juicio de control nulo,* cuando percibe que no tiene el control.

Control objetivo: positivo o nulo.

El control objetivo hace referencia a la existencia de circunstancias de poder ejercer, de forma real o no, el control sobre una determinada situación.

En este caso encontramos:

- *Control objetivo positivo* que es cuando existe la posibilidad real que se puede ejercer control sobre la situación, a través de las habilidades, recursos u otras acciones, con las que la persona puede obtener ciertos resultados.
- *Control objetivo nulo* sucede cuando no se den esas circunstancias.

Esta es la tabla con las cuatro opciones:

	Control objetivo Positivo ("el control es posible")	Control objetivo Nulo ("el control NO es posible")
Juicio de control positivo. ("creo/percibo que puedo controlar")	A: Acción correcta	B: Ilusión de control
Juicio de control nulo. ("NO creo/NO percibo que puedo controlar")	C: Indefensión aprendida	D: Aceptación

Cuarta Parte. La percepción de control y la realidad objetiva.

Cuando haces un juicio de control positivo *("creo/percibo que puedo controlar")* y, por tanto, interpretas que tienes control e influencia sobre la situación, sucede que te sientes motivado, confiado, seguro e incluso empoderado.

Estás en este estado de ánimo, tanto si tienes control e influencia real (caso "A" de "acción correcta" de la tabla), como si estas interpretando por error que tienes el control, cuando en realidad no es así (caso "B" de "ilusión de control" de la tabla).

En este último caso, te llenas de "ilusión", creyendo por convencimiento o influenciado por los demás, de que si tienes control, no siendo así.

Es entonces, cuando sucumbes ante un positivismo de lo más ingenuo, en la línea de ilusión de control y la tiranía del positivismo.

Querer estar en un estado "ilusionante" puede caer dentro de cierta lógica como deseo, pero no es lo más positivo, si nace de una ilusión de control, pues es un delirio que te nubla y no te permite ver con claridad la realidad.

Nos atiborramos o nos dejamos llenar, de un positivismo absurdo cuando en realidad y siendo objetivos no tenemos control.

Un paso importante para salir de ese estado "hipnótico", generado por esa ilusión, y afrontar la realidad objetiva, es precisamente la aceptación de las circunstancias y darnos el permiso de sentirnos vulnerables (de lo que "hablaremos" más adelante). Es allí donde anida paradójicamente nuestro verdadero empoderamiento.

Es conocido el trabajo de investigación realizado por Ellen Langer y Judith Rodin, en el que se estudiaba la manera en que la vida de unos ancianos residentes se veía afectada por el hecho que se les diera mayor control sobre ciertos aspectos relacionados con su día a día en la residencia.

Se dividieron los residentes en dos grupos. A uno de ellos, le fueron dadas responsabilidades y tareas varias, como cuidar de las plantas, velar de los demás, etc., y también libertad para decidir por donde moverse.

Al otro grupo, se les transmitió que el personal de la residencia estaba ahí para ayudarles, y se les entregó una planta que era cuidada, eso sí, por la plantilla del lugar.

Se identificó desde el inicio del estudio y, sobre todo 18 meses después, que los residentes a quienes se les dio control y responsabilidad mostraban una clara mejoría en términos de sanidad y estaban más felices y activos. En cambio, el otro grupo, empeoró su salud y habían fallecido en una mayor proporción.

Este estudio influyó en el diseño e implementación de nuevas prácticas dentro del campo de la gerontología clínica. Promovió un paradigma, que lleva a los residentes a tener un mayor control al asumir nuevas responsabilidades.

La situación preferible de las cuatro posible en la tabla anterior es la "A", que se da cuando la percepción de control se orienta a condiciones que, real y objetivamente, están en nuestras posibilidades de poder influir y controlar ("el control es posible") y que, al mismo tiempo, así lo creemos ("creo/percibo que puedo controlar").

Llevar, invitar o acompañar a otros a que centren sus acciones, esfuerzos y energía en lo que realmente pueden controlar, como los ancianos residentes en la investigación de Ellen Langer y Judith Rodin, puede representar una buena estrategia para que esas personas asuman responsabilidades y se empoderen.

Es mayormente aceptado que, cuando un padre/madre, docente, coach, mentor, líder en el ámbito organizacional u otros ámbitos, cede o invita a ejercer a otra persona, el control y la responsabilidad de ciertas situaciones, se incrementa la capacidad de autogestión y autonomía de la persona.

Gracias a las investigaciones realizadas, también es sabido que la percepción de control, en el caso de enfermedades graves, genera afrontamientos activos que facilitan un estado emocional favorable y benefician alcanzar un mejor estado de salud, siempre que ese control, no sea demasiado superior al que, en realidad, puede ejercer la persona, pues en ese caso, puede provocar el efecto contrario.

El error se encuentra cuando creemos que una persona se empodera y capacita desde el "tú puedes" poniendo al sujeto o a nosotros mismos frente a una situación que, en exceso, supera sus posibilidades o potencialidades.

En ocasiones pretendemos controlar aquello que no es posible controlar. Llevados, o incluso arrastrados, por lo que el filósofo Byung-Chul Han llama el exceso de positivismo que, bajo el slogan de "tú puedes" o el conocido *"Yes We Can"*, nos ciega y nubla ante la realidad y termina generando estados frustrantes que pueden conducirnos a estados depresivos.

Te insto a ahondar sobres estas cuestiones algo más, un poquito más, en el capítulo siguiente. ¿Aceptas la invitación?

Opciones frente la ilusión de control.

> *"La incertidumbre es una posición incómoda, pero la certeza es un absurdo".*
>
> Voltaire

Una posibilidad que tienes frente una situación que está de manera objetiva fuera de tu es la ilusión de control.

Esta opción puede ser una buena alternativa, en tanto te produce un elevado estado de ánimo y te evita caer en la inacción, pero claro, son acciones de nula o escasa influencia en el resultado.

Una buena parte del optimismo se mueve en esta dirección. El conocido optimismo ingenuo, siendo ilusionante, está lleno de candidez. Te colmas de energía y quimeras, bajo la creencia que puedes influir en el resultado.

Esa ilusión es entendida a veces como el motor que eleva tu energía y te mantiene esperanzado, por conseguir aquello que te propones.

¿Y cómo se puede afrontar una situación que está, sin lugar a duda, fuera de tu alcance sin caer en la ilusión de control?

Un primer paso es saber que ese estado elevado, pleno de vitalidad y energía, lo puedes obtener a través, de propósitos llenos de ilusiones, cuestión que veremos más adelante. Rojas Montes sostiene que "Tener ilusión es estar vivo y coleando, programar objetivos, soñar con sacar lo mejor de uno, crecerse ante las dificultades y llegar a esa cima que de joven uno se planteó".

Otro paso importante es admitir que la mayoría de las cosas en la vida, en tu vida, se escapan y quedan fuera de tu control.

La clave es darte el permiso de ser vulnerable y ser consciente de lo absurdo que es, pretender controlarlo todo. Así nos lo cuenta monja budista Pema Chödron: "Queremos sentir seguridad y algún tipo de certeza, cuando en realidad no tenemos lugar donde apoyar los pies".

No quiere decir que tengas que admitir que no hay mucho que puedas hacer.

La esencia de todo esto y el camino a seguir es la aceptación, que significa un aprecio absoluto e incondicional a la realidad de lo que sucede y te sucede en cada momento.

Aceptar que no tenemos el control, en términos absolutos, puede ser algo tremendamente positivo y resultarte, a su vez, un tanto paradójico. Admitir que es posible situarte en esa aceptación te abre curiosa y sorprendentemente a un mundo de posibilidades, que no tienes en la ilusión de control.

Puede entenderse como una estrategia pasiva marcada por la inacción. Esto sería así, si la persona cae en la resignación. Podría suceder así, en la indefensión aprendida, pero la aceptación verdadera no es sinónimo de pasividad. Es un aprecio incondicional de lo que hay.

Además, la aceptación te libera de la ansiedad que supone controlar lo incontrolable. En las palabras de Thich Nhat Hanh: "Podemos intentar controlar lo incontrolable buscando la seguridad y la previsibilidad, deseando rodearnos siempre de comodidad y seguridad. Pero la verdad es que nunca podremos evitar la incertidumbre".

> **RETO 18**
> Identifica y alimenta tu deseo más profundo.
> Huye de la necesidad de controlar lo incontrolable.
> Centra tus acciones en el proceso,
> desde una mentalidad de crecimiento.

Sawubona. El poder de SER apreciativo.

Cuarta Parte. La milla milagro.

La milla milagro

"Ha sido establecido científicamente, que el abejorro no puede volar. Su cabeza es demasiado grande y sus alas pequeñas para sostener su cuerpo. Según las leyes aerodinámicas, sencillamente no puede volar. Pero nadie se lo ha dicho al abejorro. Así es que vuela".

Paulina Readi Jofré

El carácter objetivable de lo que en realidad es posible o no, está determinado en muchas ocasiones, por lo que el filósofo y sociólogo francés Edgar Morin, llama como el imaginario colectivo del momento. Este hace referencia al conjunto de mitos, símbolos y creencias que conforman la identidad de una comunidad y que funciona como una mente colectiva.

Hay situaciones sobre las que podemos influir, pero la presión de ese pensamiento colectivo nos deja pasivos o inactivos en la creencia de que no es posible.

Puedes darle a ese pensamiento colectivo, un ámbito muy amplio, como la sociedad en general o la comunidad a que la perteneces o también puedes darle un sentido más reducido, como tu familia, grupo de amistades, la organización en la que trabajas, etc.

El imaginario colectivo del que formas parte te frena y dificulta, consciente o inconscientemente bajo un paradigma aceptado por la colectividad, a la realización de ciertos objetivos.

Es curioso, pero el mensaje aquí podría ser algo así como "tú no puedes".

Esto significa, que podemos estar actuando desde una indefensión aprendida al caer en la influencia del paradigma colectivo vigente en un momento o etapa histórica.

Por tanto, es todo un trabajo personal que resuelvas si a lo que te estás enfrentando es, en realidad, controlable y alcanzable. Si es así, a pesar del paradigma colectivo reinante, te va a tocar echar a volar como el abejorro de la frase que inicia este capítulo, o a correr como el deportista británico Roger Bannister, que protagoniza la siguiente historia, conocida como la "milla milagro" que ilustra muy bien esta cuestión.

La "milla milagro" significó, en su momento, la barrera inalcanzable por bajar de los cuatro minutos en la milla atlética. Era un límite nunca superado. El mundo tenía la percepción de que no poseía el control (juicio de control nulo: "NO creo/NO percibo que puedo controlar") y creía que esa atribución era objetivable, que era imposible, pues según la creencia colectiva, el ser humano no era capaz de

Cuarta Parte. La milla milagro.

superar esa "proeza" (control objetivo nulo: "el control NO es posible").

Pero hubo alguien que no aceptó esa idea (así es cómo suceden la mayoría de los avances en la sociedad) y fue el atleta británico Roger Bannister que, en mayo de 1954, fue capaz de correr la distancia de una milla en menos de 4 minutos (3:59:04).

Bannister pensó que si era viable y actuó como si fuera posible, creyendo que si estaba en sus capacidades poder hacerlo. Creía que estaba en sus manos (¿debería decir más bien en sus pies?), alcanzar ese objetivo. Probablemente, era observado por los demás, como si estuviera actuando desde la ilusión de control. ¿Recuerdas?, como un jugador de juegos de azar que cree poder influenciar. Pero este no era el caso.

RETO 16

Muévete con prudencia ante los "tú puedes". Date el permiso de dudar de los "tú no puedes".

¿Qué ayudó a Bannister alcanzar este objetivo, impensable según el pensamiento colectivo de la época?

Con anterioridad a la famosa carrera de 1954, Roger Bannister quedó cuarto, siendo considerado favorito, en la competición de 1.500 metros, distancia cercana a la milla (1.609 metros), en los Juegos Olímpicos de Helsinki, en 1952.

Bannister debió utilizar esa cuarta posición como una "casi victoria" o una "fracaso exitoso" a fin de prepararse para la carrera que le llevó a superar esa histórica barrera.

Algo que también resultó de ayuda a Bannister fue la colaboración de dos corredores que fueron sus amigos Chris Brasher y Chris Chataway, que trazaron un plan para las tres primeras vueltas como "atletas liebres".

En los 4 meses siguientes a la carrera, otros 5 deportistas superaron también esa barrera. El paradigma cambió. Pasó a considerarse que el ser humano si tiene la capacidad para lograrlo (juicio de control positivo), es controlable y es objetivable que se puede hacer (control objetivo positivo) y eso espoleó a otros atletas a superar esa milla milagro.

Las palabras de Roger, después de la carrera, revelan el paradigma de ese tiempo: "Los médicos y científicos dijeron que era imposible romper la milla de los cuatro minutos, que uno moriría en el intento. Por lo tanto,

Cuarta Parte. La milla milagro.

cuando me levanté de la pista después de colapsar en la línea de meta, pensé que estaba muerto".

Hay paradigmas instaurados como creencia colectiva que te llevan al convencimiento sobre la imposibilidad de hacer algo o de obtener cierto objetivo, porque no es aceptado por la amplía mayoría como realista.

Te toca revisar los "no puedes" que hayan echado raíces en ti y evitar caer en una indefensión aprendida, que haga que ante una situación que, con objetividad, es posible y te quedes inactivo o pasivo, por tener interiorizado y anclado en ti ese "no puedes". Por tanto, te va a tocar revisar aquellas creencias que forman parte de los colectivos a los que perteneces.

La cuestión es desafiante, como ves hay un "tú puedes" que logra ser tiránico y un "tú no puedes" que consigue ser un freno a tu evolución.

> **RETO 17**
> Revisa aquellas creencias que forman parte del inconsciente colectivo.
> Te pueden estar limitando.

Sawubona. El poder de SER apreciativo.

De ilusiones, ¿también se vive?

"Un hombre vale y se mide por su capacidad para desestimar y relativizar las batallas perdidas, con la mirada puesta en las metas e ilusiones trazadas".

Rojas Montes

No sé si has tenido clara la respuesta al título de este tema o estás tratando de dar con ella.

Es muy probable que tu contestación se encuentre determinada por el concepto o la idea que tengas de ilusión y que, además, parte de la dificultad en responder, venga por las diversas definiciones que encierra el vocablo ilusión.

De entre los significados que se relacionan a la palabra ilusión, me centraré en tres:

- El primero se asocia con la distorsión o interpretación errónea de la realidad.
- El segundo se relaciona con la imaginación y la fantasía, que puede ser visto como un engaño también, pues no hace referencia a la realidad o al menos al contexto presente.
- El tercero más relacionado con un significado más popular del término y que podemos asociar con la esperanza, la confianza y la motivación, que he

llamado ilusión positiva y he relacionado con el entusiasmo.

Cuarta Parte. La ilusión como distorsión o interpretación errónea.

La ilusión como distorsión o interpretación errónea.

> *"El primer paso de la ignorancia es presumir de saber".*
>
> Baltasar Gracián

Christopher Chabris y Daniel Simons hablan en su libro *El gorila invisible. Cómo nuestras intuiciones nos engañan,* de seis tipos de ilusiones: de atención, de memoria, de causa, de potencial, de confianza y de conocimiento. Aquí me voy a centrar, en estas dos últimas y su relación con la ilusión de control.

La ilusión de control posee una especial vinculación con la ilusión de confianza y de conocimientos. Como ya sabes, la sensación de control y la creencia, de que se tienen las capacidades necesarias para ejecutar las correctas acciones y poder alcanzar los resultados esperados, despierta grandes dosis de credibilidad.

Esto es así, además, porque el estado de ilusión de control lleva consigo la ilusión de confianza y de conocimiento y de igual manera se produce a la inversa.

Ahora, desgranamos el significado de estas dos ilusiones y vamos a entender esos vínculos y tomar consciencia de lo que comportan.

¿Qué consecuencias crees que tiene la ilusión de confianza?

Con la ilusión de confianza, tendemos a sobrestimar nuestras capacidades, pensando que sabemos más de lo que en realidad sabemos.

¿Sabes quienes son más propensos a hacer estas sobreestimaciones?

Resulta sorprendente y curioso, pero son las personas menos diestras, quienes tienen más tendencia a sobrevalorar sus habilidades. Los poco capacitados son más propensos a situarse en la ilusión de control. Y es que como graciosa o irónicamente, decía Charles Darwin: "La ignorancia genera más confianza que el conocimiento".

Establecemos con desatino una relación directa y causal, entre la confianza y la competencia, de tal manera que tendemos, desde la ilusión de confianza, a ver como competentes a las personas seguras y confiadas.

Los efectos de la ilusión de confianza nos llevan a valorar a esas personas seguras como inteligentes y competentes, cuando en realidad no lo son tanto.

Esto nos lleva a confiar en el buen hacer profesional de alguien, con base en el grado de seguridad que irradian y, en consecuencia, contratamos a profesionales, no según su verdadero nivel competencial, sino por la confianza que nos trasmiten.

Saber establecer la distinción entre ambos tipos de personas, nos ayuda a confiar en los individuos más adecuados, con base en sus conocimientos, y no perdernos en la única impresión que nos puede llegar de su confianza y seguridad.

Las personas más hábiles evalúan sus destrezas de una forma más acorde con la realidad, son más conscientes de sus limitaciones y asumen con más facilidad sus errores. Están más conectadas a la realidad de lo que hay.

Estas personas contrastan y confrontan, de forma permanente, sus habilidades con la realidad, lo que les hace estar en continua mejora. Son conscientes de sus conocimientos, sin dejar de serlo de su ignorancia.

Por extraño que parezca, pueden ser vistos como poco positivas e incluso pesimistas por algunos y quizás lo sean, eso sí, en la forma que lo expresa Francois Truffaud: "Un pesimista es un optimista con experiencia".

No confiar en quienes confían, por el solo hecho de esa confianza, se valora muchas veces como una falta de positividad o ausencia de optimismo.

Las personas que se mueven en la ilusión de confianza consideran los errores a modo de algo accidental, y no bajo el prisma de su responsabilidad, por lo que su nivel competencial, no se desarrolla al ritmo que lo realizan los profesionales, más "pesimistas" o más realistas.

Tomamos por error la seguridad como un indicador de la capacidad de la persona y eso nos hace confundir la confianza, que es un rasgo de personalidad, con competencia.

La confianza ayuda y facilita avanzar en el desarrollo de nuestros aprendizajes y tiene, por supuesto, su valor y significado, el error se encuentra en creer que la confianza es un reflejo de la competencia, y no es necesario que sea así.

Esto es así, hasta el punto de que llegarás a suponer que, bastara con infundir el famoso "tú puedes" para elevar la confianza del individuo y crees, además, que eso va a ir unido al mismo tiempo a un incremento de las capacidades.

Lo que estamos haciendo es llevar a la persona a esa ilusión de confianza de los que venimos hablando. Sin aquellos conocimientos y aprendizajes que sostengan esa confianza.

El hecho de tener una contrastada experiencia y sapiencia, unido al reconocimiento de tus propias limitaciones, te ayuda a ser precavido. Esto puede alejarse de la idea que tienen algunos de lo que significa ser positivo.

Estamos bajo la influencia de la ilusión de conocimiento cuando pensamos que sabemos más de un tema de lo que en realidad comprendemos. Como dice Stephen Hawking: "El mayor enemigo del conocimiento no es la ignorancia, es la ilusión del conocimiento".

Cuarta Parte. La ilusión como distorsión o interpretación errónea.

También esa ilusión de conocimiento nos hace creer que disfrutamos de un discernimiento profundo y verdadero, cuando no es del todo así.

Lo que, si podemos tener, es lo que Christopher Chabris y Daniel Simons llaman una "familiaridad superficial".

La sensación de control se incrementa cuando interpretas que un determinado comportamiento que es resultado de tu experiencia, lo puedes repetir en el tiempo, en situaciones de un carácter similar y te va a conducir al éxito de forma continuada.

Esta circunstancia nos puede llevar a una cierta ceguera. Nos hace considerar que ese comportamiento repetido, al que llamamos experiencia y conocimiento, es aplicable a toda situación. Se parece a circunstancias anteriores, pero en realidad no es por completo igual, entre otras cosas por lo que ya sabes de la inestabilidad e impermanencia.

Uno de los errores comunes en la ilusión de conocimiento es la excesiva familiaridad, que podemos ver en la siguiente historia sobre un doctor de Ramiro Calle, publicada en *El Libro de la Serenidad*:

Era el médico más visitado de la ciudad. Atendía a miles de personas al año. Un día estaba esperando a un enfermo, pero el paciente tenía que asistir a un juicio y le había pedido a su hermano que fuera a decirle que no podía acudir a la cita.

El hombre llegó a la consulta del doctor y nada más entrar, el galeno le dijo desde la distancia:

—Tiene usted un cólico nefrítico y le voy a recetar...

—No, doctor, yo...

—Sí, se lo veo en la cara. Veo que le duele mucho, pero no se preocupe, porque le vaya a recetar un medicamento que acaba de salir y...

—Pero doctor...

—Ya verá qué pronto se aliviará, ya lo verá. Pero no deje de tomarla. Tiene usted, efectivamente, muy mal aspecto. Sí, la expresión de rostro y el color de tez típicos de un cólico. Tome, tome la receta. Tres píldoras por día. Ya verá cómo enseguida se repone.

—Pero, doctor —insistió el hombre—, estoy perfectamente sano. Nunca he estado enfermo en mi vida ni me ha dolido jamás nada. Venía a decirle a usted que tendrá que recibir otro día a mi hermano porque hoy no podía venir.

El médico se quedó perplejo y avergonzado. Había visto tantos enfermos que ya no sabía reconocer a los sanos.

Es importante no creer en lo ilimitado de tus habilidades, característica propia de un optimismo exagerado, ingenuo o en cualquier caso erróneo, que puede llevarte a la ilusión de confianza.

Cuarta Parte. La ilusión como distorsión o interpretación errónea.

RETO 19

Aprecia y mantén una mirada sensata y razonable sobre tu experiencia y tus conocimientos.

Sawubona. El poder de SER apreciativo.

Cuarta Parte. La ilusión desde la imaginación y la fantasía.

La ilusión desde la imaginación y la fantasía.

"La imaginación lo es todo.
Es una versión preliminar de lo que sucederá en tu vida".

Albert Einstein

Hay diferentes tipos de trabajos que tienen sus raíces en la positividad y que suelen asociarse con la fantasía, la imaginación o la esperanza. Son muchos los autores e investigadores que, con base en los avances en distintos campos como las neurociencias, la física cuántica, la biología y otras, promueven técnicas que fundamentan su efectividad en los argumentos que por ejemplo expone Jason Mitchell: "...los estudios mediante neuroimágenes indican que algunas experiencias mentales que pensamos que son distintas entre sí en realidad dependen de los mismos circuitos de procesado de información: por ejemplo, imaginar un objeto (las orejas de nuestro gato, pongamos por caso: ¿son puntiagudas o caídas?) implica algunas de las mismas áreas de procesado visual que intervienen en la percepción del mundo real (es decir, al ver realmente un gato entre nosotros)".

Lo que se deduce de esa investigación, y de otras que van en esa misma dirección, es que nuestra mente funciona como un simulador de vuelo. Esta idea unida a la conocida y, en general, admitida, plasticidad del cerebro, supone la capacidad de poder reprogramar el mismo a nuestros fines y logros.

La persona puede utilizar la imaginación e incluso la fantasía como recurso para hacer frente a la situación que está viviendo. Es considerada una buena estrategia destinada a abordar y solucionar las dificultades que se le presentan y servirle a su progreso.

Como dice Rojas Marcos: "En mi experiencia hospitalaria con pacientes de cáncer y otros males graves o incurables he comprobado que, incluso cuando la percepción de alguna consecuencia beneficiosa de la enfermedad es primordialmente una defensa fantasiosa, si en la práctica ayuda a la persona a adaptarse de manera constructiva a su nueva situación de supervivencia de la dolencia que sea y sobrellevarla sin demorarse, refleja una transformación positiva".

La fantasía es un recurso válido siempre que su uso, lleve a la persona a la acción o bien a una mejor adaptación de la situación que está viviendo. Lo importante para Rojas Marcos, es que esa "fantasía" no anule la conciencia de enfermedad en el paciente, ni se convierta en una excusa para no seguir el tratamiento.

Cuarta Parte. La ilusión desde la imaginación y la fantasía.

Fuera de toda enfermedad, en otras situaciones, lo relevante va a ser que la fantasía que nace de ti, no te aleje de la realidad, es decir, que tenga consciencia del contexto, del lugar en el que estás, de tu momento emocional, de lo que has hecho hasta ese punto e incluso de lo que has dejado de hacer, etc.

RETO 20

Mantén la imaginación que nace de ti en permanente conexión con la realidad.

Cuando se habla de imaginación siempre me viene a la memoria la siguiente historia que contaba el gran conferenciante y escritor Ken Robinson: Un niño estaba dibujando algo y su maestra le dijo:

—¡Qué cosa más interesante! Cuéntame qué es.

—Es una imagen de Dios —contestó el niño.

—Pero nadie sabe qué aspecto tiene Dios —replicó la maestra.

—Pues cuando yo termine lo sabrán —concluyó el niño.

Sawubona. El poder de SER apreciativo.

Cuarta Parte. La ilusión positiva
y el entusiasmo.

La ilusión positiva y el entusiasmo.

"Tener ilusión es estar vivo y colendo, programar objetivos, soñar con sacar lo mejor de uno, crecerse ante las dificultades y llegar a esa cima que de joven uno se planteó".

Rojas Montes

Son diversas las investigaciones en torno al valor de las ilusiones positivas, entre ellas destacan las realizadas por la psicóloga Shelley E. Taylor, profesora de la Universidad de California.

Taylor es conocida por sus estudios sobre las ilusiones positivas y su efecto en las personas que se enfrentan a amenazas personales, como por ejemplo el cáncer.

Sus estudios en psicología de la han confirmado que a las mujeres con cáncer que tenían ilusiones positivas les iba mejor en términos de índice de supervivencia.

Estas mujeres cargadas de ilusiones positivas no ignoraban su situación, pero amortiguaban mejor el golpe de las circunstancias, reducían el estrés y mantenían un alto espíritu de superación.

Para Enrique Rojas Montes, la ilusión es un estado de ánimo entusiasta y optimista que se proyecta hacia el futuro. La proyección ilusionante del futuro está asociada a emociones como el optimismo, la esperanza, la fe y la confianza, pero hay una, mencionada por Rojas Montes, que engloba y abraza a todas ellas: el entusiasmo.

La palabra entusiasmo tiene su origen en el vocablo *"entheos"* o *"en-theós"* que viene a significar "Tener un Dios dentro de sí o en ti". En la época de la antigua Grecia se consideraban entusiastas, a aquellas personas cuya forma de actuar, era acompañada por el Dios que habitaba en ellas. Por tanto, funcionar desde el entusiasmo, es hacerlo como inspirado por Dios, lo que significa que tus acciones tienen sentido, significado y un propósito que trasciende a tu ser.

Este significado ayuda a entender la importancia de las ilusiones desde una perspectiva más apreciativa.

Vivir con ilusión es apreciar lo que hay, lo que tienes y quien ya eres, cuestiones que se abordan en próximos capítulos.

Ese vivir desde el aprecio a quien ya eres implica existir con entusiasmo y desde el entusiasmo, en conexión con tu propósito, lo que viene a representar, un vivir de forma ilusionante. Lo que en palabras de Rojas Montes es: "Tener ilusión es ser uno mismo".

De ahí, el dolor que supone vivir sin ilusión. Un sufrimiento que menoscaba tu SER.

Es un sentimiento parecido al "sinsentido" de Viktor Frankl, un vivir desilusionante o falto de ilusiones.

Cuarta Parte. La ilusión positiva
y el entusiasmo.

A Frankl le llegó el día que salió del campo de concentración y supo de la muerte de su mujer, sus padres y hermano. Esto le llevó a considerar la idea del suicidio. Años después trabajó en el Hospital Psiquiátrico de Viena, donde tuvo la ocasión de tratar con pacientes que habían intentado suicidarse. Lo que hacía, era invitarles a que explicasen lo que se hubieran perdido de positivo de haber llevado a cabo su suicidio.

Viktor Frankl les ayudaba a crear una vida ilusionante con sentido desde el entusiasmo.

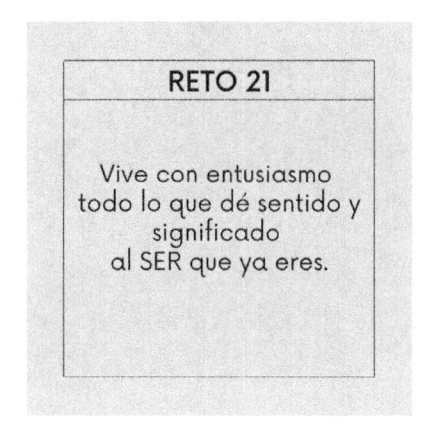

RETO 21

Vive con entusiasmo
todo lo que dé sentido y
significado
al SER que ya eres.

Sawubona. El poder de SER apreciativo.

QUINTA PARTE

Los estados emocionales y las atribuciones.

> *"Las emociones pueden dejarte en el camino o dejarte sobre el camino".*
>
> Mavis Mazhura

Los sentimientos y las emociones que nos emergen están muy relacionados con el tipo de atribución que hacemos. La atribución determina en buena parte, aunque no siempre, la clase de emoción que experimentamos.

Es importante que antes de seguir avanzando en este tema, tengas en cuenta estas dos cuestiones:

<u>Primero</u>: Tú eres quien decide si esa atribución es válida o no para ti.

<u>Segundo</u>: Las emociones en sí mismas, no son buenas ni malas. Eres tú quien en definitiva las experimentas en términos positivos o negativos.

Si ves la situación no deseada, no desde la frustración, sino como una "casi victoria" o "un fracaso exitoso" e incluso fuera de toda dualidad éxito-fracaso, tu emocionalidad va a ser distinta a atribuir la situación a modo de decepción e incluso a ti mismo como un fracasado.

Si atribuyes el éxito a alguna de tus habilidades como, por ejemplo, la inteligencia o el esfuerzo, las emociones que aparecen son el orgullo y esto te hace mantenerte o situarte en una alta autoestima.

Puedes atribuirte una influencia importante en el resultado final y quizás, tu intervención no ha sido en realidad lo relevante que tú si lo consideras. Y, esto en verdad, no es positivo, pues como sabes muy bien, cuanto más cerca estés de la realidad, en lugar de negarla o falsearla, más positiva es tu atribución, por más que te pueda estar generando en ese momento, cierto grado de frustración.

En cambio, si atribuyes el éxito a un factor externo, como por ejemplo la suerte, tu autoestima no se verá muy beneficiada de forma positiva, ni negativa, sin embargo, tenderá a un bajo amor propio.

Puede darse el caso que, aunque seas responsable del éxito, no aceptes como factor determinante tu autoría en ese triunfo. Te cuesta reconocerte y asumir que tus acciones y comportamientos llevaron a ese resultado y lo que haces es otorgar ese éxito a factores externos.

En definitiva, y por más que los demás te hagan saber con su reconocimiento de tu positiva intervención no lo admites como tal, o al menos, no lo aceptas en la medida que los otros si lo hacen.

Esta situación es propia de personas con tendencia a lo que las psicólogas Pauline Rose Clance y Suzanne Imes decidieron llamar el "síndrome del impostor". Al parecer, siete de cada diez personas han experimentado esta sensación en algún momento de su vida.

Esta circunstancia nos puede suceder cuando mostramos dificultades por reconocer los éxitos alcanzados y, en consecuencia, en lugar de "hacer nuestros" estos logros, se los atribuimos a otros o a factores externos.

No deja de resultar curioso que, por un lado, haya personas que se atribuyen a si mismas la causa de los resultados exitosos, cuando en realidad, tienen su origen en factores externos, que no tiene que ver con su influencia directa y, por otro lado, haya otras personas, cuyas acciones y comportamientos si han influenciado directamente en el resultado, pero en cambio, lo atribuyen a factores externos.

Sin llegar a identificarte por completo en unas u otras personas, es probable que te reconozcas, haberte atribuido un éxito cuando no es así y al revés.

Hay detrás de todo ello, una especie de autoengaño que, en el primero de los casos, supone atribuirte una influencia en el resultado que no es real, y que como sabes, producto de lo que se conoce por sesgo de autoservicio o egoísmo atribucional.

Uno puede considerar que hacerlo, te llena de positividad, orgullo y satisfacción, que elevan tu autoestima. Se incrementa la autoconfianza en el corto plazo, para caer de una forma estrepitosa con el paso del tiempo, en una baja autoestima.

El autoengaño en el caso del "síndrome del impostor" responde al temor que experimenta la persona de ser descubierta como un fraude, de ahí el nombre de impostor, alguien que finge y se hace pasar por otro diferente.

Es curioso que esta designación del impostor sea empleada solo en este caso pues, asimismo, la persona que se atribuye la influencia y la causa del éxito, cuando no le corresponde, también es en cierta manera un impostor.

Algunas de las características propias de la persona que se encuentra en el síndrome del impostor son:

- Tendencia al perfeccionismo.
- Dificultad para recibir tanto las críticas como los elogios.
- Sentimiento de no verse tan competente como los demás lo ven.
- Vivir desde la sensación de no ser suficiente.
- Tener miedo tanto del éxito como del fracaso.

El mundo emocional que rodea a esta persona "impostora" es muy variado, con estados emocionales como ansiedad, elevado estrés, agotamiento, vergüenza y sobre todo una profunda insatisfacción debida, en buena parte, a la tensión de tener que hacer las cosas perfectas. "No puedo fallar" es su mantra.

No es extraño que, ante una situación como una promoción de trabajo, la dirección de un nuevo proyecto, la recepción de un premio, o cualquiera otra, tenga un dialogo interno con pensamientos del tipo "no entiendo como se han fijado en mí", "espero no se den cuenta que no tengo ni idea", ...

¿Han revoloteado en tu mente alguna vez, mensajes de este tipo? Es justo en los momentos de éxito cuando debes prestar más atención a la aparición de tu impostor.

¿Te has sentido alguna vez así? Si te reconoces en esto, es momento de creer en tus capacidades. No es una cuestión de humildad. Se trata de que te hagas con la autoría de tus éxitos, algo así como "hacerte con lo que es tuyo" en el buen sentido y reconocerte en tus habilidades.

¿Sientes que te mereces los logros alcanzados en tu vida? El nudo principal por deshacer es la profunda creencia que no eres digno de lo que has alcanzado y las recompensas que ese éxito conlleva.

Algunas sugerencias:

- Practica la autocompasión, lo que supone tratarte con amabilidad.
- Estate con una actitud abierta a las críticas de los otros.
- Acepta sin condiciones los elogios de los demás, sin perderte en ellos.

- Busca un espacio y momento para celebrar esos éxitos.
- Ten una mentalidad de crecimiento, centrada en el aprendizaje no en el resultado.
- Observa el fracaso como "casi victoria" o "fracaso exitoso".

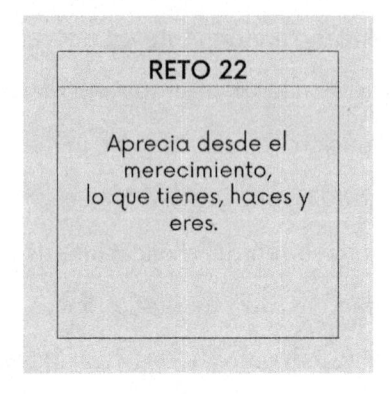

> **RETO 22**
>
> Aprecia desde el merecimiento, lo que tienes, haces y eres.

Atribución Interna-Externa y estados emocionales.

"Hay que ser conscientes de que lo que nos provoca malestar o ansiedad no son los eventos, sino como vinculamos las emociones a éstos".

Jonathan García-Allen

La persona puede atribuir el fracaso a factores externos y en realidad ser así, pero es posible que sea una forma de liberarse de responsabilidad.

Es también factible que, en el caso de éxito, no se lo atribuya, sino que lo haga a un factor externo como la suerte, así lo hace el impostor ("tuve suerte") cuando en realidad es mérito suyo.

Y puede ser que la persona tenga la capacidad de no hacer ninguna atribución, ni interpretación, ni juicio o que, al menos, en esa situación no lo haga. Cuando la persona está en esa "no atribución", no participa de este juego de atribuciones.

En ocasiones, en el juego del que te hablo te va a resultar difícil poder distinguir cuándo tienes responsabilidad y en qué grado lo eres. Lo que va a ser importante es prestar atención a todo lo que te permite seguir y continuar aprendiendo y mejorando en la dirección de una mayor maestría.

Es importante que no trates de liberarte de la responsabilidad y las emociones (si las hubiese) que se deriven por asumirla cuando sabes que tienes mucho que ver con los resultados. El efecto de esa liberación es despojarte de toda opción de aprendizaje y evolución.

Es aquí, en donde puedes caer en un positivismo malentendido, orientado a cuidar la autoestima y evitar que emerja toda posible frustración o cualquier otra emoción que te incomode. La clave es no engañarte, no negar la realidad y echarle valentía como dice Pema Chödrön: "La esencia del valor es vivir sin engañarnos".

Lo positivo es aprender a transitar desde la responsabilidad en nuestro camino de aprendizaje, en la maestría de la vida, tanto en la esfera más personal como profesional.

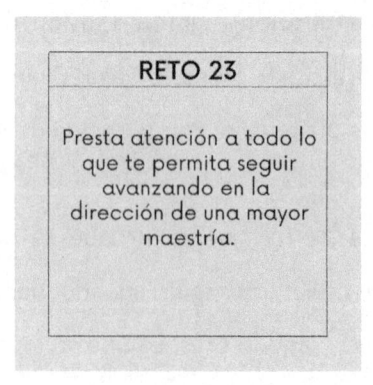

RETO 23

Presta atención a todo lo que te permita seguir avanzando en la dirección de una mayor maestría.

Atribución Estable-Inestable y estados emocionales.

> *"Cambia tu atención y cambiarás tus emociones.*
> *Cambia tu emoción y tu atención cambiará de lugar".*
> Frederick Dodson

Si la atribución que haces, en el caso de un resultado satisfactorio, es estable y, por tanto, referida a un asunto que es más o menos permanente en el tiempo, como una capacidad que tienes o un cierto nivel de maestría en algo, es probable que te sientas orgulloso y satisfecho de ti mismo.

Todo aquello que depende de ti, con un resultado éxitoso y entiendas que es producto de tus habilidades, con un nivel alto de excelencia y que, además consideras estable en el tiempo, te va a llevar a tener expectativas más bien positivas sobre ti.

Otra posibilidad es que atribuyas ese éxito a causas inestables, y por tanto que varían en el tiempo como, por ejemplo, si crees o te dices en tu diálogo interno "tuve un día afortunado".

En este caso, tu nivel de satisfacción va a ser menor. Aunque alcanzaste el éxito que buscabas, no tienes la percepción que esa victoria sea resultado de algo que hayas realizado por ti mismo o por ti misma. Las expectativas también serán menores y en principio, no te impulsarán de igual manera que en el caso anterior.

Reflexiona y observa, o mejor dicho obsérvate, sobre si ese "tuve un día afortunado" tiene que ver o no, con el síndrome del impostor, pues el paso a dar es "hacerte con lo que es tuyo", y no darle ese poder a la diosa Fortuna.

La causa variable (inestable) o permanente (estable) en el tiempo, suele influir en tu estado emocional actual y en las expectativas.

Más que insuflarte o insuflar a otros, de grandes dosis de positividad, lo relevante aquí, es valorar si en realidad lo que consideras como estable o inestable, es lo bastante real o más bien honesto y objetivo por tu parte.

En la siguiente tabla puedes ver como la combinación de la atribución estable e inestable con una situación de éxito o fracaso, puede influir en tus expectativas:

	Estable	Inestable
Éxito	Expectativas altas	Expectativas medias
Fracaso	Expectativas bajas	Expectativas medias

En el éxito:

- Si la causa es estable: Las expectativas son altas.
- Si la causa es inestable: Las expectativas son medias.

Lo que vas a querer en ese éxito, es que la causa sea en verdad estable en el tiempo.

Quinta Parte. Atribución Estable-Inestable y estados emocionales.

Pretendemos y hacemos esfuerzos para que lo que nos ha funcionado permanezca igual en el tiempo, cuando en realidad esto no es plausible. Por ejemplo, por más que queramos, y hagamos lo posible y lo imposible, para que las cosas permanezcan igual en el tiempo, vamos envejeciendo y nuestro cuerpo, sufre con el paso de los días una disminución gradual en sus funciones biológicas, tanto en el plano físico como mental.

Es posible, que creas que te puedes mantener estable y repetir las acciones, que te llevaron a un resultado satisfactorio, a una situación futura. No obstante, la posición no va a ser idéntica, ni los pasos reproducidos van a ser los mismos, ni encajará de igual manera a como sucedió en la primera ocasión.

No digo que la experiencia no sirva, pero los contextos y situaciones no son las mismas. Un padre, o una madre, no educa igual a su hijo en su edad más temprana que cuando es adolescente. La experiencia le servirá, pero puede también ir en su contra.

En el fracaso:
- Si la causa es estable: Las expectativas son bajas.
- Si la causa es inestable: Las expectativas son medias.

Lo que vas a querer en el fracaso es que la causa sea inestable en el tiempo.

Deberíamos sentirnos más relajados con el tema fracaso. Sí, más relajados. Por un lado, la idea de fracaso, y también de éxito, son solo eso: "ideas". Conceptos construidos por el ser humano y, por tanto, puedes vivir alejado de ese mundo de las ideas.

Por otro lado, la inestabilidad, la no permanencia, afecta de igual modo al fracaso, como al éxito.

Esto significa, que cuando has errado, te has equivocado o tan solo no has conseguido el resultado esperado, y sabes o interpretas que eso no es algo permanente, ni estático, ni fijo, puedes ser consciente de que está sujeto a mejora y te es posible seguir avanzando en la maestría.

Aceptar la impermanencia no significa que dejes de aprovechar la experiencia acumulada en diferentes situaciones y circunstancias que vives, ni que existas sin plantearte objetivos que pretendes alcanzar en tu vida personal y/o profesional. Tampoco implica que no aproveches tus espacios de reflexión a fin de tomar consciencia de lo que tienes que mejorar en la próxima situación.

Significa vivir fuera de los conceptos éxito y fracaso y de la idea de alcanzar un destino determinado, un punto en el horizonte al que dirigirte. Significa apreciar, sin etiquetas, sin juicios, lo que ("me") va sucediendo, en cada etapa de mi vida, en todo instante.

> **RETO 24**
>
> Deja de luchar con lo "que ocurre".
> Hazte responsable de lo que "te ocurre".

Sawubona. El poder de SER apreciativo.

Quinta Parte. Atribución Controlable-Incontrolable y estados emocionales.

Atribución Controlable-Incontrolable y estados emocionales.

"Las personas son tan hermosas como las puestas de sol, si se les permite que lo sean. En realidad, puede que la razón por la que apreciamos verdaderamente una puesta de sol es porque no podemos controlarla".

Carl Rogers

El control o su ausencia se relaciona con el mayor o menor grado de influencia que se tiene, respecto al resulta-do de la situación.

Ya sabemos de la alta motivación y confianza que nos produce la percepción de control, incluso cuando este se ejerce en situaciones que, de manera objetiva, no podemos dominar.

La ausencia de control, es decir la incapacidad por influir en el resultado, produce muy diferentes estados emocionales, que nos cuestan aceptar como, por ejemplo, la impotencia, la desmotivación y la frustración.

Si además esto se va repitiendo en el tiempo, y se entiende estable, va a afectar en un grado importante a la autoestima del individuo. Si lo que falló fue, por ejemplo, el esfuerzo o la falta de concentración, la posible emoción podría ser la culpa.

Si la persona concibe la situación como algo que no es capaz de cambiar y, por tanto, no puede hacer nada, y entiende que no tiene otra alternativa, su estado principal va a ser la resignación. Esta condición le lleva a quedarse estancado en la pasividad y perpetuar ese conformismo en el tiempo.

Si el sujeto acepta, que ante la situación no tiene el control, y entiende que algo siempre puede hacer, su estado emocional es muy distinto, dependiendo del grado de aceptación que logre tener.

Aceptar le puede incluso llevar a un estado emocional positivo. No se pelea frente a la realidad. No se queda inactivo.

Es aquí donde se encuentra el buen sentido de la positividad. No se huye del enfado, la impotencia, la frustración o cualquier otra emoción, que nos despierta el hecho de no tener el control o influencia de lo que sucede.

Al admitir que hay cosas en la vida que no podemos cambiar, no significa que tengamos que situarnos en la resignación, en la impotencia o en la inacción. Es un vivir sin resisitirse a la realidad, como dice Byron Katie: "Cuando dejamos de oponernos a la realidad, la acción se convierte en algo sencillo, fluido, amable y seguro".

El siguiente cuento zen nos muestra como se puede vivir desde esta aceptación. Es la historia de un hombre de campo que un día se encuentra un hermoso caballo y entonces, los vecinos del lugar le hacen llegar sus felicitaciones por esa buena suerte.

—Buena o mala suerte, ya se verá... —les respondió.

El caballo resultó ser muy rebelde y un día derribó a su hijo que se rompió una pierna al caer. Ahora los vecinos hicieron llegar sus lamentaciones al campesino.

—Buena o mala suerte, ya se verá... —les respondió.

Al poco tiempo, una guerra fue declarada en la región y todos los chicos jóvenes fueron obligados a alistarse, pero el hijo del aldeano, aún convaleciente, fue liberado de tener que ir a la guerra y sus vecinos felicitaron al campesino por ser afortunado.

—Buena o mala suerte, ya se verá... —les respondió.

Un tipo de aceptación incondicional, basada en una actitud continuada y mantenida en el tiempo, con independencia del control o ausencia del mismo, puede llevar a la persona a estados elevados de consciencia y plenitud, pues no está condicionado a los resultados, ni a la necesidad excesiva de tener el control sobre esos resultados.

Es una aceptación a lo que todo el tiempo va sucediendo, a partir de la consciencia, desde un estar presente, en el aquí y ahora de cada momento, situación y emoción.

Es aceptación, no resignación, y es acción desde la aprobación.

Esa acción se transforma desde una mirada al optimismo en esperanza activa, como señala Rojas Marcos: "Otro modelo de esperanza típico de la perspectiva optimista es la esperanza activa, que, además de hacernos ver como posible aquello que anhelamos, estimula en nosotros la confianza para tomar las medidas necesarias de cara a conseguirlo".

La esperanza nace de la aceptación del momento que vivimos y de lo que experimentamos. Esa expectativa, nutrida de pensamientos e imágenes positivas, debe ser activa y orientada hacia aquello que nos planteamos. Es desde esta acción, donde radica el auténtico optimismo.

Se trata de evitar caer justo en lo que se ha dado en llamar en psicología la "ilusión del indulto", que metafóricamente viene a ser un símil de la infundada esperanza, que tienen los condenados a muerte, de ser condonados en el último minuto, sin que tenga base alguna en hechos objetivos. En esa "ilusión de indulto" hay un absurdo espejismo, carente de toda acción.

Esta idea de la "ilusión del indulto" es un recordatorio de la importancia de apreciar la realidad.

Pema Chödrön, cuenta en su libro *Comienza donde estás. Guía para vivir compasivamente* que una amiga suya, que estaba en las últimas etapas del cáncer, recibió una llamada del lama Dzongzar Khyentse Rinpoche, cuyas primeras palabras fueron: "No pienses ni por un momento que no vas a morir".

En un sentido apreciativo, la esperanza parte de la realidad. Es estimar lo que hay en cada instante y un actuar desde el aprecio a lo que tienes, a lo que hay y a quien ya eres.

Un ejemplo lo encontramos en la pintura de Frederic Watts a la que llamó *Esperanza*. Frances Wilks menciona este cuadro y a su pintor, en su libro *Emoción Inteligente Como tener éxito mediante el dominio y la transformación de los sentimientos*.

Watts muestra en este cuadro a una muchacha con los ojos vendados como ejemplo de su ceguera y en su mano sostiene una lira de una sola cuerda, pues el resto de ellas están rotas.

Frances Wilks, recoge en su libro el testimonio del pintor, cuando le preguntaron por qué no había dado al cuadro el nombre de Desesperación. Su respuesta es un buen ejemplo de lo que es una mirada positiva, esperanzadora y apreciativa: "La desesperación se rinde, pero la esperanza, por muchas que sean las probabilidades en contra, nunca abandona. La muchacha intenta sacar de la lira toda la música posible, pese a que solo le queda una cuerda".

Este fue el comentario que Frances Wilks hace de la respuesta del pintor, que dejo aquí para tu reflexión: "Esta esperanza [la esperanza como actitud] es una orientación del corazón hacia el futuro, incluso cuando la razón nos dice que no hay esperanza".

Sin negar la realidad de las circunstancias que vive la muchacha, hay siempre la opción de una mirada apreciativa, que pone el foco de atención al mundo de las posibilidades, de lo que puede llegar a ser, a partir del lugar donde ahora uno se encuentra y con las condiciones en las que uno se halla.

Tal Ben Shahar nos da también, una de las claves que puedes tener en cuenta en los para estos momentos emocionalmente difíciles: "Las emociones negativas constituyen una parte inevitable de la experiencia como seres humanos, por lo tanto, si las rechazamos, es como si estuviéramos negando una parte de nuestra humanidad. Para vivir una vida plena y gratificante (una vida feliz), tenemos que permitirnos experimentar toda la gama de emociones negativas. En otras palabras, tenemos que concedernos permiso para ser humanos".

Quinta Parte. Atribución Controlable-Incontrolable y estados emocionales.

> **RETO 25**
>
> ¡Date el permiso para ser humano!

Y, ¿Qué quiere decir el Dr. Ben Shahar con "Date el permiso de ser humano"?

El permiso de ser humano tiene que ver con la aceptación de nuestros errores, equivocaciones y emociones. Saber vivirlos y experimentarlos con la naturalidad propia de nuestra condición de seres humanos.

El error vendría de "no darnos ese permiso" y rechazar las emociones negativas que experimentamos.

Ya sabes: ¡Date el permiso de ser humano!

Algo más que te puede convenir saber es que: "Si piensas que todo es perfecto en tu vida, o bien eres un buda, o bien eres completamente idiota". Son palabras de Matthieu Ricard, doctor en biología molecular, monje budista en el monasterio Shechen Tennyi Dargyeling de Nepal y asesor personal del Dalai Lama. Se considera a Matthew el hombre más feliz del mundo, así lo confirman investigaciones realizadas en su cerebro, a través de resonancias magnéticas.

Aceptar la imperfección, como parte inherente de la vida, nos lleva a un lugar de serena inseguridad, que nos permite ser más quienes en realidad somos, desde nuestra vulnerabilidad.

La vulnerabilidad nos da la oportunidad de despojarnos del personaje que a veces nos envuelve y mostrar la verdadera esencia.

Si, por ejemplo, mi personaje es el orgulloso o el autosuficiente, ahí donde voy esa sombra me acompañará. Aunque suene paradójico, mi parte vulnerable me va a empoderar como dicen, Gonzalo Brito y Margaret Cullen en su libro *Mindfulness y equilibrio emocional*: "Se podría pensar que reconocer la vulnerabilidad y el sufrimiento podría desempoderarnos o deprimirnos, pero ocurre exactamente lo contrario".

La mayoría de los resultados no dependen por completo de ti. Hay una multitud de factores externos que influyen y que escapan a tu control.

Además, si hay algo que se mantiene constante es el cambio. La inestabilidad es más bien la norma.

No obstante, hay una cosa sobre la que si puedes tener control y que es posible mantener estable en el tiempo.

Quinta Parte. Atribución Controlable-Incontrolable y estados emocionales.

Fredy Kofman la llama "el éxito más allá del éxito" y significa actuar de acuerdo con quien eres y a los valores que te representan. Lo relevante no es hayas obtenido el resultado que esperabas. Aquí lo significativo es que tus acciones estén alineadas con tu SER sabiendo que no hay garantías de las consecuencias, pero la satisfacción de actuar con base en tu SER, y desde ahí, sentir y experimentar es la garantía de que tienes una victoria personal segura.

RETO 26

Actúa de acuerdo con quien realmente eres según tus valores.
Es garantía de una plena satisfacción personal.

Sawubona. El poder de SER apreciativo.

Liberarse y seguir adelante.

> *"No trates de expulsar los pensamientos.
> Dales espacio, obsérvalos y déjalos ir".*
> Jon Kabat-Zinn

Es momento del cuento de las zanahorias, el huevo y el café.

Una joven estaba muy cansada y desfallecida. Se quejaba sobre la vida y los constates problemas por los que solía atravesar, hasta el punto de que sentía que le costaba seguir adelante. Era tal su cansancio que decidió, antes de darse por vencida, llamar a su padre, persona de gran sabiduría, para saber de sus consejos, pero en lugar de ofrecerle su guía por teléfono, le dijo que se pasara a verle al día siguiente.

Su padre, un prestigioso chef de cocina, le invitó a su lugar de trabajo, un famoso restaurante, cerca de su casa. Al ver llegar a su hija, la hizo pasar a la cocina, llenó tres ollas con agua y las colocó sobre el fuego. La hija estaba sorprendía, esperaba que su padre le diera sus sabios consejos, como siempre hacía, pero en esta ocasión no fue así, al menos de momento.

Cuando el agua de las tres ollas empezó a hervir, vertió en una zanahorias, en otra huevos y en la última, granos de café molido.

El padre seguía sin decir nada, escuchando a la hija que aprovechaba para narrar sus quejas, su malestar y las dificultades que no conseguía resolver.

Unos minutos más tarde, el padre apagó el fuego, sacó las zanahorias y las colocó en un recipiente e hizo lo mismo con los huevos. Finalmente, puso al café en un tazón.

—Dime, querida hija, ¿Qué ves?

—Veo zanahorias, huevos y café —respondió, sin entender muy bien que pretendía.

Entonces, el padre le pidió que se acercará y tocara las zanahorias. Así, lo hizo y notó que estaban blandas. Después la invito a que tomara un huevo, le retirará la cascara y lo tocara. La hija comprobó que estaba endurecido. Finalmente, le pidió que probara el café.

—¿Y qué significa todo esto, papá? —preguntó sonriendo mientras disfrutaba de su rico aroma.

Él le explicó, que zanahorias, huevos y café se habían enfrentado a la misma adversidad: el agua hirviendo. No obstante, cada una reaccionó de forma distinta.

La zanahoria llegó al agua fuerte, dura, pero tras pasar por ella quedó blanda y débil. La cascará protegió al frágil huevo y después de estar en agua hirviendo, endureció.

Quinta Parte. Liberarse y seguir adelante.

En cambio, los granos molidos reaccionaron de una forma muy distinta. Una vez puestos a hervir cambiaron el color del agua y se transformaron en ella, en un delicioso café.

—Hija hay diferentes formas de responder a las adversidades. Una de ellas, es como la zanahoria, que muestra fortaleza inicialmente pero cuando la contrariedad asoma, se vuelve débil y pone de manifiesto su condición de víctima de las circunstancias.

» Otra forma, es aparentar flexibilidad y maleabilidad como el huevo. Llegado el momento de dificultad, volverte dura y rígida, endurecer tu corazón y poner una barrera con los demás, repitiendo ahí donde vas, esa misma respuesta y, por tanto, viviendo de nuevo el mismo problema.

» Y, por último, tienes la opción de transformarte a través del dolor y de las dificultades. En este caso, sacas lo mejor de ti, como hace el café que se deja llevar y acepta el calor del agua hirviendo que representa la realidad de lo que hay. Extraer el máximo de aprendizajes y poder estar preparada para las próximas dificultades.

» Dime hija, ¿Cuál de los tres elementos prefieres para ti para responder a tus dificultades?

La hija respondió con una gran sonrisa y agradecimiento hacia su padre.

Así expresa Joan Garriga Bacardí lo que significa reaccionar como los granos de café: "Permanecer enojados con el destino porque nos trae una enfermedad, o un hándicap, o cualquier impedimento o contrariedad, también es algo muy común. Es muy normal que, ante noticias graves, se sucedan gritos de oposición, pesar o enojo. Sin embargo, mantener en el tiempo toda la energía enfocada en oponerse a lo que se impuso es energía de sufrimiento. Al revés, la energía que se usa para integrar, aprender de lo ocurrido y darle la bienvenida nos fortalece".

La mirada apreciativa es una invitación a trabajar sobre la realidad que vives y experimentas y esto es así, hasta el punto, que el primer paso para el cambio es la aceptación de la realidad.

Si no hay aceptación, ¿Qué tienes?, ¿Qué hay? Oposición, resistencia, resignación, frustración, lucha e incluso, sufrimiento. Como lo expresan Katie y Mitchell: "Cuando discuto con la realidad sufro".

No se trata de alejarnos de esa situación, sino de liberarte y seguir adelante como dice Padraig O´Morain: "Es posible que te des cuenta de que estás ansioso, pero, si no aceptas la presencia de la ansiedad, no podrás liberarte y seguir adelante. De lo contrario, gastarás energía diciéndote a ti mismo que eres débil o malo, lo cual no te ayudará de ninguna manera".

Quinta Parte. Liberarse y seguir adelante.

Esa es la clave: "liberarse y seguir adelante" desde la aceptación. No quedarte apegado o atrapado en la emoción, ni tampoco huir con desesperación. Y de esto va la siguiente historia.

En una ocasión, dos monjes budistas regresaban al monasterio. En el recorrido se encontraron a una mujer en medio de un río que cruzaba el camino. El miedo a cruzar el río paralizaba a la señora.

—¿Qué te sucede? —preguntó el monje más anciano.

—La corriente me arrastra con fuerza y no soy capaz de alcanzar la otra orilla. Ojalá pudieran ayudarme —respondió la mujer.

—No podemos ayudarte pues nuestros votos de castidad no permiten que estemos en contacto con mujeres. —El joven intervino.

Y entonces, sin más, el anciano, con mucha dificultad, la tomó sobre sus hombros y la llevó a la otra orilla. Ella mostró un enorme agradecimiento al monje anciano.

Los religiosos siguieron su camino al monasterio cuando de repente el más joven rompió el largo silencio que hasta ese momento los acompañaba e increpó al anciano.

—Te atreviste a cargar con la mujer contraviniendo tus votos de castidad.

—Cierto, la cargué y la dejé a la otra orilla, en cambio, tu estás todavía cargando con ella". —El monje anciano contestó, ofreciendo una gran sonrisa.

Se requiere desarrollar la capacidad de la atención, la conciencia y la presencia, y dejar ir la emoción y lo que ella lleva consigo, su sistema de creencias y patrones de comportamientos, que no nos ayudan. Soltarla y seguir el camino como el monje anciano, sin apegos, ni ataduras emocionales, que nos atrapen en la emoción.

Ayuda a superar esa dificultad, el hecho de desapegarnos y soltar, el tomar distancia y el disociarte de la experiencia emocional inmediata, sin juicios, ni críticas.

Esta mirada, distinta y distante, te permite distinguir la situación que acontece de las emociones que lo alimentan.

La dificultad puede ser tal que, en lugar de dejar ir, lo conveniente sería lo que el maestro budista Jack Kornfield denomina, en su libro *Camino con corazón* la práctica de "dejar de lado". Este ejercicio nos facilita abordar esas dificultades en la oportunidad que sea más adecuada. En palabras de Kornfield: "Es importante encontrar el momento y lugar propicio para el trabajo interior. Comprender que podemos dejar las dificultades a un lado, es de gran ayuda. No debemos afrontar los problemas de golpe, y no debemos hacerlo en cualquier circunstancia. Como sucede con todos los aspectos de la naturaleza, existe un lugar adecuado para que crezcan nuestros corazones y nuestras mentes".

Esta reflexión nos lleva a diferenciar dos conceptos referidos al tiempo que provienen de los griegos: Cronos y Kairós. Cronos se refiere al tiempo cronológico o secuencial. Es de naturaleza cuantitativa y tiene que ver con su forma más lineal, es decir, horas, minutos, segundos, etc.

Kairós significa un lapso indeterminado de tiempo donde las cosas suceden. Es de naturaleza cualitativa. Su significado más literal nos acerca a la propuesta *dejar de lado:* "momento adecuado, justo u oportuno" y al parecer, y en la teología cristiana se lo relaciona con el "tiempo de Dios". Como dice Lao Tse: "Ten paciencia que el barro se asiente y el agua se aclare. Permanece quieto hasta que la acción correcta surja".

El cuento de la mariposa que sale de su capullo de Anthony de Mello nos sirve de ejemplo, respecto a este dejar de lado, para el momento Kairós, oportuno y justo y a su ritmo. "Una vez, al observar un hombre como una mariposa luchaba por salir de su capullo, con demasiada lentitud para su gusto, trató de ayudarla soplando delicadamente. Y en efecto, el calor de su aliento sirvió para acelerar el proceso. Pero lo que salió del capullo no fue una mariposa, sino una criatura con las alas destrozadas".

La práctica de dejar de lado no es una negación de la realidad, ni una oportunidad para huir de nuestras dificultades. Es actuar de forma consciente ante esos problemas y trasladarlos a un mejor momento.

Eso si, la dificultad, o el aprendizaje a trascender, queda en nuestra lista de pendientes. O bien lo retomamos, de manera consciente, en un mejor momento, o nos vuelve a visitar, por su propio pie y, a veces, lo hace cuando menos lo esperamos, aunque quizás, producto del paso de ese tiempo que transcurre, nos pille ya mejor preparados.

Ese "dejar ir" o ese "dejar de lado", debe transitar en ese Kairós, como la mariposa de Anthony de Mello, sin que nos autoimpongamos salir o huir de esa emoción.

Se ha extendido la idea que cuando estás experimentando una emoción negativa, debes hacer el esfuerzo de salir de ella lo más rápido posible y mostrar "al mundo" una sensibilidad positiva, tu mejor versión, cómo si nada te pasará.

Sabes, que puedes "dejar de lado" la emoción y situarte en el presente, cuando alguna situación profesional o personal, requiere de tu atención al máximo, ahora, lo conveniente no es huir de la emoción y ni caer en una impostura emocional.

Ese dar o, en otras palabras, ese "tener que dar" tu mejor imagen o versión es lo que las voces críticas con el optimismo llaman la obligada postura positiva ante los acontecimientos que estoy viviendo que, de forma resumida, es la conocida "tiranía positiva".

Esta impostura emocional, como todo tipo de pantomima, que representa una forma de alejarnos de la realidad, no nos ayuda a sobrellevar la situación.

Barbara Ehrenreich entrevistó a la socióloga Arlie Hochschild, autora de un conocido estudio en el que se argumenta que el estrés y el sentimiento de estar vacías emocionalmente, que sufren las azafatas, tiene su origen en la exigencia de atender a los pasajeros con un continuo buen humor. Hochschild concluye que el resultado de esta imposición es que las azafatas pierden el contacto con sus propias emociones.

La idea es mantener sin apego, la cercanía con las emociones que, en definitiva, guían nuestras vidas. Estar presente, estando en lo que estas, en ese instante, en cada momento, como podría ser el caso de las azafatas, ayuda a sostener las emociones y prestar atención a lo que es menester. Ahora, lo importante es, no ir en busca de una forzada impostura emocional.

En mi trabajo como coach, he observado en numerosas ocasiones, ese estrés y ese vacío similar al de las azafatas, en particular en personas con responsabilidades en la dirección de equipos.

Lo que les ha resultado útil, hablando de emociones, ha sido expresar y compartir su emocionalidad. Esto les ha ayudado tanto a ellos mismos como a las personas de su equipo.

La expresión de tu vulnerabilidad, que en definitiva es tu humanidad, al darte el permiso de ser humano supone una liberación emocional y un acercamiento a los demás.

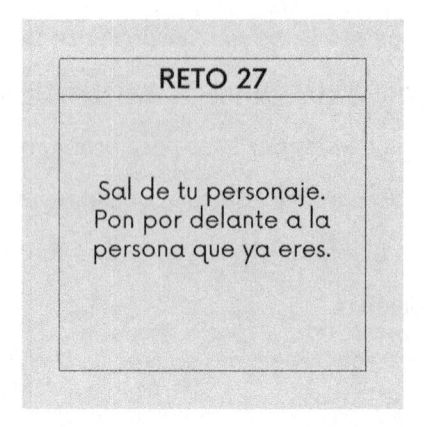

RETO 27

Sal de tu personaje. Pon por delante a la persona que ya eres.

Algunos autores califican de tóxico al optimismo forzado que hemos comentado. Refuerzan la idea en que las personas necesitan darse el permiso de experimentar y expresar lo que están viviendo.

El juego, si se me permite la expresión, consiste en equilibrar el dejarte sentir lo que estás sintiendo, sin apego, ni quedar atrapado en esa emoción que emerge y, al mismo

Quinta Parte. Liberarse y seguir adelante.

tiempo, no caer en la obligación de mostrarte emocionalmente, desde ese optimismo forzado, tan tiránico.

> **RETO 28**
>
> Expresa tus emociones sin sucumbir ante la tiranía del optimismo forzado.

Sawubona. El poder de SER apreciativo.

SEXTA PARTE

Pautas a recordar para vivir apreciativamente.

"Aprender a mirar significa: `acostumbrar el ojo a mirar con calma y con paciencia, a dejar que las cosas se acerquen a él´, es decir, educar al ojo para una profunda y contemplativa atención, para una mirada larga y pausada. Este aprender a mirar constituye la primera enseñanza preliminar para la espiritualidad".

Friedrich Nietzsche

Experimenta la lógica apreciativa.

"Vivir sin desarrollar los potenciales que posees es traicionar la confianza con que el Universo te ha creado".

Alejandro Jodorowsky

En las formaciones, talleres y seminarios que realizo, suelo hacer, respecto a la secuencia de números "5 4 2 9 8 6 7 3 1", la siguiente pregunta: ¿Cuál es la lógica que rige el orden de estas cifras? Que también puedo formular así: ¿Qué regla o pauta, hace que estos números tengan el orden y secuencia que tienen?

¿Cuál es tu respuesta?

Grabada a fuego, de una manera imborrable y profunda en mi memoria, reside la inferencia que un día extraje del modelo apreciativo.

La conclusión que, no por ser obvia deja de tener su importancia, es que para sacar lo mejor de una persona (que puedes ser tu mismo o tu misma) el camino preferible es centrarte en lo mejor de esa persona.

Lo mejor de ti, desde una perspectiva apreciativa, es apreciar lo que tienes, lo que haces y lo que eres.

Solemos centrarnos en lo que carece la persona, en lo que no hay, en lo negativo, en los déficits, en las carencias, etc.

Lo lógico, desde la perspectiva apreciativa, es poner el foco en lo que ya posee el individuo, en lo que hay, en lo positivo.

Por cierto, ¿Has dado con la solución a la secuencia de números?

La respuesta no la vas a encontrar desde el paradigma numérico. Haciendo combinaciones y cálculos no vas a dar con la solución, debes saltar a otro paradigma.

Se requiere que mires el desafío desde un modelo distinto. Como dice Albert Einstein "No podemos resolver los problemas que tenemos con el mismo nivel de pensamiento que usamos cuando se crearon".

Sexta Parte. Experimenta la lógica apreciativa.

Si miras los números desde el paradigma alfabético, te das cuenta de que están ordenados alfabéticamente en castellano.

Esta situación me recuerda a la frase que comparte Robert T. Kiyosaki en su libro *Padre Rico, Padre Pobre* de un amigo suyo: "Si descubres que estás atrapado en un agujero en la tierra..., deja de cavar".

Es la estrategia "más de lo mismo" que el filósofo W. C. Fields lo expresa de la siguiente manera: "Si no tienes éxito a la primera, inténtalo, inténtalo de nuevo. Después, abandona. No vale la pena seguir haciendo el idiota".

Lo fácil es que tu mirada se centre en la cuestión numérica al tratarse de una secuencia de cifras.

La forma en la que observo el problema contribuye a la dificultad, hasta el punto de que, como dice Stephen Covey, "El modo en que vemos el problema es el problema".

La solución se convierte a veces en el problema. Por ejemplo, pretendes resolver tus dificultades con alguien desde la queja, la crítica, la constante muestra de sus errores, las deficiencias y las carencias.

Cuantos más intentos haces por solucionar la situación, desde ese paradigma (queja, crítica, carencias, ...), más persiste e incluso más se agrava.

> **RETO 29**
>
> Experimenta la lógica apreciativa.

La persona que hace esas quejas, críticas y demás, puede tener muy buenas intenciones en todo ello, pero no obtiene el resultado que espera.

En otras palabras, y lo que se refiere a la secuencia de números anterior, cuando tratas de dar con la solución del problema desde el paradigma numérico, entras en una especie de bucle del que cuesta dar con la salida, pues los intentos de solución perpetúan la situación.

En el andar por la vida, solemos seleccionar, buscar y tener en cuenta, aquella información que confirma nuestra forma de pensar, como la solución numérica.

Esto es así, porque no atendemos, a lo que es contrario o contradice nuestros puntos de vista, opiniones, expectativas o creencias. Nos mantenemos dentro del paradigma conocido, sin darnos la oportunidad de explorar nuevos horizontes.

Sexta Parte. Experimenta la lógica apreciativa.

Solemos ignorar toda aquella información que es contraria a nuestra forma de pensar. No es que no exista ese conocimiento, es que no somos conscientes de su existencia, la ignoramos.

Nuestra interacción con el mundo viene determinada, entre otras cosas, por las creencias que tenemos y por el estado de ánimo en el que estamos en cada momento.

Lo que haces, al mirar fuera, es confirmar tu sistema de creencias, pero no experimentas la realidad de vivir en este mundo, que es ante todo distinta o al menos más amplia, mucho más vasta, de lo que tu "realidad" actual alcanza.

Quiero compartir contigo una experiencia de uno de mis trabajos de coaching que trata de la situación que vivía una madre con su hijo adolescente.

La mirada de la mujer en relación con el muchacho era desde las deficiencias y las carencias.

La descripción que hacia de su hijo se refería a que su hijo era un desordenado. En un momento determinado, le pregunté: "¿Cuán ordenado es tu hijo?" Su réplica no se hizo esperar y al instante contestó: "Te he dicho que mi hijo es un desordenado". De nuevo le pregunté: "¿De cero a diez cuán ordenado es tu hijo?". Esta vez de forma pausada y reflexiva contestó: "Pues, diría que un dos".

La conversación siguió un rato y al final de esta, la madre decidió comprometerse a que, durante los próximos días, prestaría atención a los momentos en los que su hijo fuera ordenado y darle reconocimiento por ello.

Al cabo de unos días nos volvimos a ver. Al verme, lo primero que me digo fue: "No te lo vas a creer, mi hijo está siendo más ordenado".

El foco de atención de la madre pasó de ver a su hijo como un desordenado a ordenado, desde lo que ya tiene y hay de orden y ordenado, y que ella había valorado numéricamente en un dos sobre diez.

Su propósito fue ver a su hijo desde un lugar distinto a cómo lo estaba haciendo hasta ese momento y, por tanto, salir de su sistema de creencias habitual.

La mirada apreciativa le hizo ver a su hijo desde un lugar distinto, con estima y valor a lo que ya tiene, hace y, sobre todo, ya ES.

La madre mantuvo el firme propósito de mantener una mirada apreciativa hacia su hijo y los efectos fueron más allá de la cuestión del orden. Los llevó a una relación más preciada entre ambos.

Así se desarrolla lo que llamo la lógica apreciativa: busca lo positivo, lo que tiene, lo que hay, lo que funciona y lo mejor de la persona, sin dejar de observar la realidad del momento y de su momento.

Sexta Parte. Experimenta la lógica apreciativa.

> **RETO 30**
>
> Aprecia lo bello de toda persona.

Hagamos, si me lo permites, un pequeño salto... La pregunta puede resultarte un tanto absurda, pero *ahí va*: ¿Comprarías un producto que fuera defectuoso?

¿Qué dice tu lógica al respecto? Es probable que no, aunque igual si, siempre y cuando lo imperfecto del producto te permita llevar a cabo y sin dificultad, lo que es fundamental y necesario, y, por tanto, no sea peligroso para el uso al que fue diseñado y al que tú quieres hacer.

Si esto es así, es posible que te interese su compra, sobre todo, si el propio vendedor, reconociendo desde su honestidad ese defecto, te ofrece una venta más económica. También puede interesarte, porque una vez hecha la compra reparas el desperfecto y con ello obtienes algún tipo de ganancia, como un coste final, muy inferior a la compra del producto original sin tacha.

En cualquier caso, la idea de un producto con menoscabos te pone en alerta sobre como proceder. Si identificas el defecto después de la compra y una vez haces uso del producto, tienes opción quizás de reparar o en su caso, sustituirlo por otro.

Y "dime" ahora: ¿Tenemos los seres humanos defectos? ¿Somos defectuosos? ¿Qué dice tu lógica al respecto? Si es así. Con esos fallos, ¿Podemos vivir sin peligro "para el buen uso al que fuimos diseñados"?

¿Qué dice la lógica apreciativa? Su respuesta es que no tenemos defectos, sino cualidades a desarrollar. Reconozco que esto suena muy a puro positivismo, y afirmo que así es, pero déjame que te explique un poco más.

La mirada apreciativa facilita observar al ser humano desde su completud, su grandeza, sin carencias.

Es lo que sucedió en la historia de la madre y el adolescente: La mirada apreciativa hacia su hijo fue desde la cualidad del orden, como un atributo a seguir desarrollando. En palabras de Alejandro Jodorowsky: "Los defectos que crees tener, revelan tus cualidades ocultas".

No se trata de detenerse, al menos no lo es a partir de la perspectiva apreciativa, a reparar los defectos, es una cuestión de avanzar en el camino de la completud como seres, desde la actualización del potencial que traemos a este mundo.

Sexta Parte. Experimenta la lógica apreciativa.

La idea de sustitución, aplicable a cuando un producto que hemos comprado es defectuoso, tampoco es pertinente en la propuesta apreciativa. El sustituir, que supone poner u ocupar una cosa o una persona en el lugar o puesto de otra, no encaja en los parámetros apreciativos.

El trabajo a través de la mirada apreciativa no es de cambio o sustitución, es decir, no se trata de permutar unas habilidades por otras. Por ejemplo, en la lógica tradicional, la idea de cambiar llevaría al tránsito de lo desordenado a ser ordenado.

Lo que hizo la madre no fue intercambiar desorden por orden, fue actualizar lo que ya hay, lo que ya existe, quien ya eres, referido a su hijo.

No es un cambio, de desorden a orden. Es una actualización de ese orden ya existente.

RETO 31

Actualiza y desarrolla tus potencialidades.

Ya lo sabes, desde la lógica apreciativa se busca lo que ya hay en la persona, lo que ya tiene y contiene en sí misma.

Como dice Antonio Blay: "Si yo deseo desarrollar mi inteligencia, es porque de algún modo esa mayor inteligencia está en mí".

Cuando el punto de partida es, como en el ejemplo, el orden, se facilita el camino de desarrollo hacia un nivel de organización mayor. La persona se motiva, se energiza y direcciona mejor las acciones, desde ese camino a seguir.

Otra cuestión es que ser desordenado pueda tener un cierto valor para la persona. Es por ello, que hemos de ser muy cautelosos con la idea de cambiar. Por ejemplo, podemos convenir en que ser agresivo o actuar con agresividad o que ser desconfiado o comportarse con desconfianza, no es lo mejor, visto de forma muy generalizada para la mayoría de las personas.

También se puede convenir que, en determinadas situaciones, la agresividad y desconfianza nos van a ser de utilidad.

Todo esto no deja de ser parte de las polaridades propias de la naturaleza del ser humano, fomentadas también, por la visión dual del mundo y como asegura Osho merecen de su experimentación: "Experimenta la vida de todas sus formas; bien-mal, dulce-amargo, luz-oscuro, verano-invierno. Experimenta todas las dualidades. No tengas miedo de experimentar, porque cuanta más experiencia tengas, más maduro serás".

Sexta Parte. Experimenta la lógica apreciativa.

Ese puede ser el camino que en algún momento prefieres tomar. Una vía de integración de polaridades u opuestos, propios del taoísmo filosófico o la terapia Gestalt, por ejemplo.

La invitación es siempre a hacer una exploración apreciativa que, en este caso, significa detenerte a mirar esos rasgos opuestos apreciativamente (desorden versus orden, agresivo versus blando, rígido versus flexible...). Se trata de captar la intención positiva que hay en esos comportamientos, aceptarlos, comprenderlos y, desde ahí, integrarlos.

En esa integración, es importante saber que detrás de toda conducta acostumbra a haber una intención positiva o la tuvo alguna vez en el pasado. No suele ser visible a primera vista, por lo que requiere de cierta indagación. Por ejemplo, la intención positiva en un comportamiento agresivo podría ser protección, y detrás de la desconfianza, puede existir como intención positiva, la cautela.

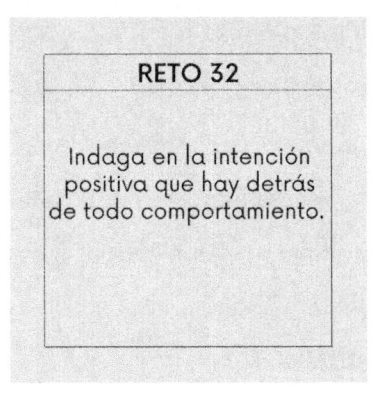

RETO 32

Indaga en la intención positiva que hay detrás de todo comportamiento.

Si nuestro comportamiento agresivo, por ejemplo, nos lleva a resultados no deseados, y nos damos cuenta de que la intención positiva de ese proceder es protegernos, suceden dos cosas:

- Por un lado, estableceremos una mejor relación con esa conducta, pues le otorgamos ahora un sentido positivo y,
- Por otro lado, buscaremos alternativas para cubrir esa necesidad de protección, a través de nuevas vías o formas de actuar que conserven, que no pasen por la agresión y, de esta manera, obtener mejores resultados.

Por ejemplo, si incorporo un nuevo comportamiento sin preservar la necesidad de protección, me puedo sentir desprotegido ante ciertas adversidades o circunstancias. En este caso, sucede que he cambiado un proceder por otro, pero puedo haber perdido por el camino la seguridad que me ofrecía la agresividad.

De aquí la importancia de apreciar lo que hay, lo que se tiene, en cada momento y experiencia y desde esa apreciatividad, indagar y explorar nuevas posibilidades.

Sondea este tipo de circunstancias u otras parecidas y pregúntate: "¿Qué hay de apreciativo en esta situación o comportamiento?"

Sexta Parte. Experimenta la lógica apreciativa.

Tómate tu tiempo, pues es posible que no alcances a dar con una respuesta de forma inmediata. La inmediatez no suele ser de mucha ayuda.

Además, ten en cuenta que un comportamiento puede ser válido en un contexto y no serlo en otros. Ninguna conducta es adecuada o inadecuada por sí sola. Un mismo comportamiento realizado en dos entornos distintos, va a dar diferentes resultados.

RETO 33

Ningún comportamiento es adecuado o inadecuado en sí mismo.

El contexto también cambia y, por lo tanto, un comportamiento sirve en un momento y un entorno determinado y no en otro. Siguiendo con el ejemplo de la agresividad, en lugar de cambiarla por una conducta distinta podemos, mostrando una mirada apreciativa, averiguar en qué contextos y momentos nos es útil y en cuáles no.

Sawubona. El poder de SER apreciativo.

***Observa* dentro de ti para ofrecer tu mirada más apreciativa.**

"No se puede tener una vida positiva y una mente negativa".

Joyce Meyer

Resulta importante llegar a poder admitir y asumir que, en general, lo que no forma parte de "tu mundo", no lo hace porque no le sea posible existir dentro de él, sino debido a que no encaja en tu campo de consciencia actual. Fredy Kofman resume, de forma brillante, lo que quiero decir con las siguientes palabras: "Uno no habla de lo que ve, sino ve aquello solo de lo que puede hablar."

RETO 34

Desafía tu campo de consciencia actual.

Lo que logras y no consigues ver y percibir y, por tanto, lo que aprecias y lo que no, es un reflejo de ti y habla de tus actuales creencias, marcos de referencia, formas de ver el mundo o cualquier otro nombre que le quieras dar y que hace que seas incapaz de ver lo existente.

Anita Moorjani utiliza una metáfora muy didáctica, que viene a la medida de lo que aquí estamos hablando. Anita en su libro *Morir para ser yo*, ilustra lo que quiero transmitir y lo hace con gran exactitud, con la siguiente metáfora: "Imagina un almacén enorme y oscuro. Tú vives allí dentro y solo tienes una pequeña linterna para iluminarte. Todo lo que sabes de lo que contiene ese enorme espacio se limita a lo que puedes ver con el haz de luz de la linterna. Cuando buscas algo puede que lo encuentres o no, pero el hecho de que no lo encuentres, no significa que no exista".

El hecho que no puedas ver apreciatividad en ti, en los demás y en tu entorno, no lo determina lo que hay "fuera de ti", más bien lo define lo que hay de apreciativo "dentro de ti".

Cuando ves apreciatividad en algo o alguien que antes no podías observar, es que hay en ti ahora, una mirada más apreciativa resultado de un cambio en tu campo de conciencia actual.

La mirada apreciativa permite cambiar el foco de nuestra linterna y ampliar su haz de luz. La capacidad de que llegues a apreciar algo nuevo se origina, en esencia, en un cambio en tu tipo de atención. En otras palabras, es ver lo que antes no veías, que estaba en tu campo perceptual, en tu mundo, en tu "realidad", pero no alcanzabas a ver, debido a que tu sistema de creencias actual, tu nivel de consciencia en ese momento, tu estado de anímico, o cualquier otra razón o circunstancia, te mantenía en un mirar poco o nada apreciativo.

Este cambio de percepción se conoce como repercepción que vendría a significar un percibir nuevo, distinto, y esto implica un cambio en la apreciación de las experiencias que estás teniendo en el presente, y que van a influir en las que vas a albergar en el futuro.

Si te das cuenta, de que no consigues tener una mirada apreciativa, puede ayudarte reflexionar qué hay en ti, qué te dificulta estar frente a esas circunstancias o personas, con una mirada apreciativa. Y es que, en palabras de Anais Nin "No vemos las cosas como son, las vemos como somos".

Lo que no puedes ver apreciativamente en los demás, será difícil que lo aprecies en ti. En palabras de Jon Kabat-Zinn "Mira a otras personas y pregúntate si realmente las estás viendo a ellas o a tus pensamientos sobre ellas".

> **RETO 35**
>
> Aquello que no alcanzas apreciar hoy, espera a guiarte a una mejor vida mañana.

Algo muy importante es que los hechos, las circunstancias que vivimos, el mundo, llámalo Universo o la REALIDAD, es neutra, como ya hemos comentado con anterioridad.

Nos puede parecer, que no es así, pero somos nosotros quienes llenamos de contenido a la REALIDAD y lo hacemos a partir de la subjetividad, desde nuestra "realidad" y sobre todo de forma inconsciente.

> **RETO 36**
>
> El universo es neutro. Tú lo llenas de contenido.

Sexta Parte. Observa dentro de ti para ofrecer una mirada más apreciativa.

Si te detienes un momento a reflexionar sobre esta cuestión, el hecho de que justo tú puedas cargar de contenido a la realidad, que le des sentido, "tu sentido", hace que tengas mucho que decir y decidir al respecto.

El eje central de los cambios va a ser que mires dentro de ti y lo hagas de forma apreciativa, a partir de ahí, verás fuera lo que hasta ese momento te resultaba difícil de ver. Anthony de Mello tiene una breve historia al hilo de lo comentado:

—¿Por qué aquí todo el mundo es tan feliz menos yo? —preguntó el alumno al maestro.

—Porque han aprendido a ver bondad y belleza en todas partes —contestó el maestro.

—¿Por qué no veo yo bondad y belleza en todas partes? —volvió a preguntar el alumno.

—Porque no puedes ver fuera de ti, lo que no logras ver dentro de ti —respondió el maestro.

RETO 37

Mírate y obsérvate apreciativamente.

Sawubona. El poder de SER apreciativo.

Sexta Parte. La vida responde de acuerdo a lo que buscas.

La vida responde de acuerdo a lo que buscas.

"Casi todas cosas buenas que suceden en el mundo, nacen de una actitud de aprecio por los demás".

Dalai Lama

Lo que encuentras en ese almacén del que habla metafóricamente Anita, viene determinado por lo que buscas. Será difícil que descubras aquello que no está en tu foco de atención. Como dice Henry David Thoreau: "Solo encontramos el mundo que buscamos".

Hay una conocida historia sobre un vendedor de zapatos al que su empresa envió a un lugar lejos de su ciudad para explorar la posibilidad de un nuevo mercado. Su jefe le solicitó que le diera notificación de sus investigaciones. Cuando el vendedor llegó al lugar y observó que nadie cubría sus pies, decidió enviar este mensaje a su superior: "Aquí todos andan descalzos. No necesitan zapatos. Malas perspectivas".

El jefe había enviado a otro vendedor a un lugar lejano distinto y también le pidió fuera informado de sus investigaciones. Su mensaje fue: "Todos andan descalzos. Venderemos muchos zapatos. Muy buenas perspectivas".

Ante la misma situación, uno de ellos se enfocó en el mundo de las posibilidades y, en cambio, el otro no.

Si buscas apreciatividad, vas a encontrar apreciatividad.

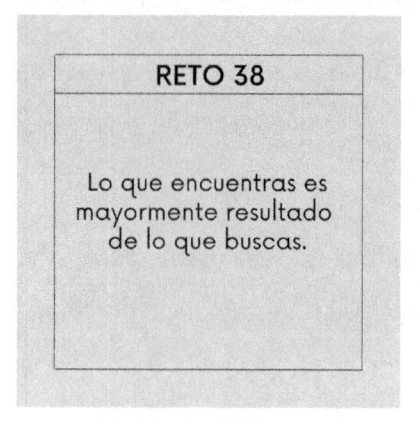

RETO 38

Lo que encuentras es mayormente resultado de lo que buscas.

La apreciatividad y la atención.

> *"La atención es una manera de hacerse amigo de nosotros mismos y de nuestra experiencia".*
>
> Jon Kabat-Zinn

El cambio de atención que te lleva a ver y apreciar lo que antes no eras capaz, conlleva una variación profunda que va más allá de una visión distinta. La mirada apreciativa provoca una transformación en tu apreciatividad en un doble sentido.

Por un lado, cambias el foco de tu linterna y aprecias estímulos, dígase también cosas, situaciones o personas, que antes no observabas y ves lo que estaba frente a ti y no eras capaz de ver. En palabras de Wayne Dyer: "La cara de la belleza siempre está presente, incluso donde los demás no ven belleza".

Por otro lado, amplías el haz de luz de tu linterna y transformas la apreciación que tienes sobre ti mismo, los otros y el mundo.

El primero viene a ser un cambio en tu atención y el segundo, en tu nivel de consciencia. El tipo de atención es reflejo del nivel de consciencia, se interrelacionan e influyen entre sí hasta el punto de que resulta difícil entenderlas y vivirlas de forma separada.

Todo esto representa un gran reto para la mayoría, pues nuestra cultura no suele favorecer el desarrollo de estas dos capacidades: prestar atención y cultivar la conciencia. Jon Kabat-Zinn nos lo recuerda: "Gran parte del sistema de educación orienta a los estudiantes para llegar a ser mejores pensadores, pero no hay casi ninguna atención a nuestra capacidad de prestar atención y cultivar la conciencia".

Lo que vas a obtener y lo que va a constituir "tu realidad" va a depender de a qué estás prestando atención y por tanto apreciando.

No somos capaces de percatarnos de todos los estímulos a los que estamos sometidos y, en consecuencia, hacemos una elección perceptiva de los mismos.

Aunque hay factores externos que pueden incentivar ciertos estímulos. En esa selección, intervienen diferentes elementos de orden más interno, como tu motivación, tus necesidades, tus intereses o tu predisposición, que hablan de ti y del tipo de observador apreciativo que eres en cada momento.

Además, tus pensamientos, emociones, energía y acciones y, por tanto, los resultados que vas a obtener van a depender del tipo de atención que das, por lo que es importante darte cuenta de a qué estás prestando atención. En palabras de Sharon Salzberg: "La atención no es difícil, sólo tenemos que recordar hacerlo".

> **RETO 39**
>
> Presta atención a lo que estás prestando atención.

Por otro lado, y complementario a lo anterior, elevar ese nivel de consciencia, significa ir más allá de ese darte cuenta de a qué le estás poniendo atención, para llegar a percatarte de lo que no estas prestando atención.

> **RETO 40**
>
> Presta atención a lo que NO estás prestando atención.

El tipo de mirada posee consecuencias, ya lo sabes, tú tienes mucho que ver en ello, y como hemos visto, es importante darte cuenta a qué estás, consciente o inconscientemente, atendiendo y a que estás, consciente o inconscientemente también, dejando fuera de tu atención.

Si hay algún aspecto que influye en ese proceso de la repercepción y consciencia, muy por encima de todos los elementos vistos, ese eres tú, como persona que participa de forma directa y activa en lo que experimentas.

Tú eres el motor de ese cambio y, por tanto, puedes emprender el camino apreciativo. Se trata de que tengas el firme propósito de verte y ver a los demás desde la apreciatividad.

Toma consciencia de cuál es tu intención en ese esfuerzo, pues ese objetivo va a decretar el resultado de lo que vas a obtener.

La intención da lugar a un estado de preparación, que genera una determinada disposición. Cultivar adrede una *"mentalidad apreciativa",* facilita un mirar que se centra en la búsqueda de lo bello, lo valioso, lo positivo y lo significativo.

La búsqueda de contextos y modelos apreciativos.

> *"Hay gente cuya mirada nos hace mejorar.*
> *Son escasos, pero cuando los encontramos,*
> *no hay que dejarlos pasar".*
>
> Tony Robbins

Una de las formas de avanzar en tu práctica apreciativa es tener ejemplos cercanos para inspirarte. Estos modelos pueden darse tanto en contextos del ámbito familiar, social como profesional.

Va a ser importante que, por un lado, te acerques a ambientes apreciativos y encuentres en ellos, modelos que te sirvan de referencia y te inspiren a desarrollar y cultivar la apreciatividad en ti. Como dice Mario Benedetti "De eso se trata, de coincidir con gente que te haga ver cosas que tú no ves. Que te enseñen a mirar con otros ojos".

Y, también lo va a ser que, por otro lado, te rodees de "hermosos enemigos". Tal Ben-Shahar toma la idea de un ensayo sobre la amistad del filósofo estadounidense Ralph Waldo Emerson. El concepto hace referencia a aquellas relaciones, que en tu ámbito familiar (en especial tu pareja), social y profesional, te provocan, desafían y cuestionan, con una mirada siempre apreciativa.

El "hermoso enemigo" no nos dice aquello que nuestro ego quiere escuchar, más bien al contrario, nos expresa, con honestidad y sinceridad, lo que puede herir al ego.

Desde un pensamiento positivo equivocado y malentendido se considera que una buena amistad se sostiene, en esencia, al comunicar lo bello, lo hermoso, lo positivo, dejando de lado lo conflictivo y los desacuerdo. En realidad, es a través de las relaciones con los demás, del conflicto y el desacuerdo, que esas amistades encuentran la mejor forma de crecer.

Me he dado cuenta del valor de tener "hermosos enemigos" en mi círculo familiar, de amigos y en lo profesional. Admito que muchas veces, no he sabido apreciar la autenticidad y sinceridad que esas amistades me ofrecían y aportaban. Hoy intento rodearme, en lo posible, de estos "hermosos enemigos"

RETO 41

Elige contextos y modelos apreciativos.

Sexta Parte. La apreciatividad y la atención.

RETO 42

Rodéate de hermosos enemigos.

Sawubona. El poder de SER apreciativo.

Sexta Parte. Lo que aprecias (y lo que no aprecias) se incrementa y se hace más presente.

Lo que aprecias (y lo que no aprecias) se incrementa y se hace más presente.

"La apreciación es algo maravilloso. Hace que lo que es excelente en otros nos pertenezca también".
Voltaire

En tu caminar hacia un vivir más apreciativo, es fácil que tu mirada se centre en primera instancia, y como un hábito adquirido, en los detalles menos apreciativos de la situación y/o persona, y estos queden destacados en un primer plano, a la manera que sucede en el cine y en la fotografía.

Cuando aprecias aquello que, en un principio, está situado en un segundo plano, pasa al frente y gana fuerza. Lo vimos en el capítulo: El juego de la Figura y Fondo.

A lo que prestas atención toma potencia y protagonismo, y esto lo puedes aplicar tanto en el caso de que tu interés se dirija a algo que consideras positivo, como negativo. En el caso adverso, Dan Sullivan nos pone este buen ejemplo: "Si se dedica mucho tiempo a trabajar las debilidades, se termina con muchas debilidades fuertes" (nota: lo dicho es asimismo aplicable a nuestras habilidades. Basta que cambies "debilidades" por "habilidades").

Lo que aprecias se incrementa del mismo modo que ocurre con la revalorización de una divisa que va subiendo de cuantía.

Lo que sucede es que aquello que aprecias, se manifiesta con más fuerza en tu vida y esto es aplicable, en igual proporción a lo apreciativo que a lo "no apreciativo". Por eso, es importante poner cuidado tanto a lo qué le prestas atención como a lo que no.

Si, por ejemplo, valoras tu momento presente y estás atento a aquellas cosas, elementos o circunstancias que, en ese presente, te aportan felicidad o alegría, por ejemplo, lo que va a suceder es que se hará más presente en tu vida. En un primer instante las emociones se ubicarán en un segundo plano, pero gracias a un esfuerzo intencionado y voluntario las puedes pasar al centro del escenario.

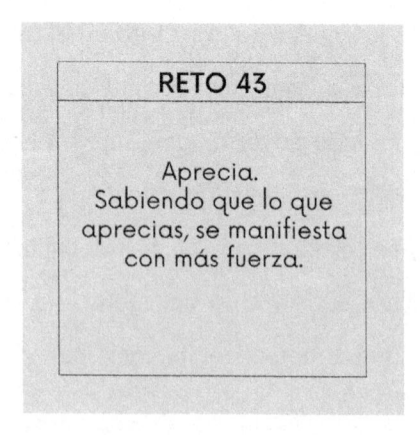

RETO 43

Aprecia.
Sabiendo que lo que aprecias, se manifiesta con más fuerza.

Sexta Parte. Lo que aprecias (y lo que no aprecias)
se incrementa y se hace más presente.

No obstante, no permitas que esa apreciatividad, hacía a ti y el mundo, te aleje de la realidad, de ti y de esa vida. Dejar de ver y, por tanto, abandonar partes de ti y de esa esfera, por muy desagradables que puedan serte, suponen un abandonarte a ti y a ese universo.

Pema Chödrön comenta en su libro *Comienza donde estás. Guía para vivir compasivamente*, que la vida es gloriosa, pero también es desdichada y que es, además, las dos cosas.

Puede resultarte poco apreciativa esta reflexión de Pema, pero en sus palabras, que a continuación transcribo, encontrarás una explicación que conecta las temáticas que hemos venido abordando con el apreciar lo que hay.

"Apreciar lo gloriosa que es la vida nos inspira, nos anima, nos da una perspectiva mayor, nos energetiza. Nos sentimos conectados. Pero si eso es lo único que ocurre, empezamos a ser arrogantes y a mirar a los demás por encima del hombro, y tenemos la sensación de ser muy importantes y de tomarnos a nosotros mismos muy enserio, queriendo ser así para siempre. Lo glorioso de la vida queda teñido por la adicción y el deseo ansioso.

» Por otra parte, la desdicha (el aspecto doloroso de la vida) nos ablanda considerablemente. (...) Las desagracias de la vida nos hacen humildes y nos ablandan, pero si solo nos sintiéramos desgraciados, acabaríamos destrozados.

Nos sentiríamos tan deprimidos, desanimados y desesperados que no tendríamos la energía suficiente para comer una manzana.

» La gloria y la desdicha se necesitan mutuamente. Una nos inspira y la otra nos suaviza. Van juntas.

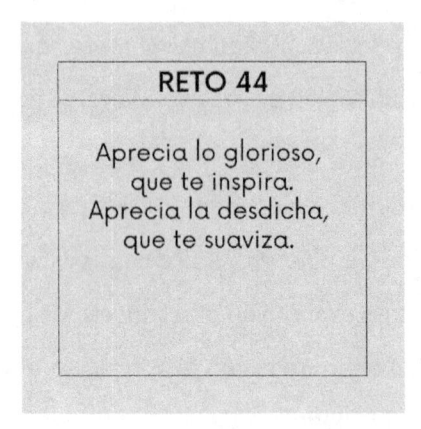

RETO 44

Aprecia lo glorioso,
que te inspira.
Aprecia la desdicha,
que te suaviza.

Sexta Parte. La transformación
por conservación.

La transformación por conservación.

"Sé fiel a lo que existe dentro de ti".

André Gide

La mirada apreciativa te lleva a prestar atención también a lo que quieres conservar y mantener, a lo que es significativo e importante para ti como ser humano, lo que constituye tu esencia.

Esto puede romper con la lógica más tradicional del cambio, en el sentido que se tiene la tendencia a prestar atención a lo que se quiere modificar, dejando de lado, algo importante en todo proceso o camino de transformación, que representa lo que se desea conservar.

Si cuando quieres cambiar, no prestas atención suficiente a lo que pretendes mantener, te llevas por delante buena parte de lo que representa tu esencia. Esto tiene que ver con lo que el gran biólogo y pensador, Humberto Maturana, llama la "transformación por conservación" y que, expresado en palabras de Peter Senge viene a ser lo siguiente, "En nuestros esfuerzos por producir cambios, nos olvidamos con frecuencia de lo importante que es poner atención a qué es lo que se está conservando. Que concedamos o no valor a un proceso particular depende de cuánto valoremos lo que éste está conservando".

En una ocasión, trabajé con una persona a quién le resultaba difícil identificar las acciones, que quería llevar a cabo, para mejorar sus relaciones familiares, en concreto padres y hermanos. Al final logró identificar lo que en ese objetivo quería conservar: el amor, afecto y respeto entre todos. Teniéndolo claro, se propuso con facilidad, naturalidad y de forma orgánica, acciones que le llevaran al objetivo que se planteaba, eso si, ahora tomando consciencia de que, en ese cambio, iba a preservar y cuidar ese amor, afecto y respeto.

Esta forma apreciativa de transformación facilita vencer las resistencias y los miedos, ya que la persona preserva y cuida en su camino de desarrollo, aquello que le resulta importante, pues perderlo significaría derrochar parte de su esencia.

Sexta Parte. La mirada apreciativa
fuera de etiquetas.

La mirada apreciativa fuera de etiquetas.

> *"Mira a otras personas y pregúntate si realmente las estás viendo a ellas o a tus pensamientos sobre ellas".*
>
> Jon Kabat-Zinn

Si estuvieras sentado en un avión a punto de despegar y oyeras al comandante decir: "este vuelo lo hago con regularidad". ¿Qué sentirías?, ¿Qué decidirías hacer?

Y si le escucharas explicar a continuación "Y hoy, voy a utilizar el parte meteorológico de la semana pasada". ¿Qué creerías ahora?, ¿Qué resolverías hacer en ese momento?

Es una metáfora o ejemplo, de como nos relacionamos con los otros.

Solemos construir etiquetas de los demás sin llegar, en la mayoría de los casos, a tomar consciencia de cómo esos rótulos, que funcionan a modo de "parte meteorológico", dirigen nuestros comportamientos y cimientan y definen las relaciones de las que formamos parte.

Una vez nos formamos esa idea de la otra persona, ya no nos relacionamos con la persona en su autenticidad, y en la autenticidad del momento, lo hacemos a través de la imagen que hemos construido. Es entonces cuando nos sucede lo que explica Anthony De Mello: "¡Cuanto lo siento! No eres tú con quien me relaciono sino con una imagen que tengo en mi mente".

Es importante mantener una mirada apreciativa, sin etiquetas, ni estereotipos, algo que requiere de cierto esfuerzo, como ya nos decía Albert Einstein: "¡Triste época es la nuestra! Es más fácil desintegrar un átomo que un prejuicio".

Un buen ejemplo de mirada apreciativa, fuera de toda etiqueta, la encontramos en la historia que cuenta Ken Robinson, sobre una niña de ocho años, que había sido considerada un fracaso escolar. Ella era incapaz de estar sentada oyendo una explicación. No atendía en clase y todo el tiempo se mostraba inquieta. Se llegó a valorar en su escuela, la posibilidad de su ingreso en un centro de educación especial.

Su madre la llevó preocupada a un psicólogo que habló con ella a solas cinco minutos. Dejó la radio puesta a la niña, fue a buscar a la madre a la sala de espera y juntos espiaron, desde allí, lo que hacía en el despacho y... ¡Estaba bailando!

Tanto la madre como el psicólogo se dieron cuenta de que más que ser una niña con problemas, era una bailarina. No tenía ninguna dificultad de aprendizaje. Ella aprendía a través del movimiento y esa forma de asimilar el conocimiento no encajaba con lo que entendían debía ser, según los pedagogos de su escuela, ni en el mismísimo sistema educativo.

Así empezó una carrera que llevó a esa niña, Gillian Lynne, al Royal Ballet, a fundar su propia compañía y a crear la coreografía de *Cats* o *El fantasma de la ópera* con Lloyd Webber.

Observar a la persona sin etiquetas, desde un mirar apreciativo, como la madre y el psicólogo, representa una actitud *shoshin* palabra proveniente del japonés, que significa *"mente del principiante"*, lo que quiere decir, es que tienes la intención de ver las cosas, el mundo y a los otros, como si fuera la primera vez.

Aplicar la mente de principiante desde la mirada apreciativa significa ver a los demás sin juicios. Dejar de lado la inferencia de etiquetas, identificaciones e identidades predefinidas. Partir desde lo que hay en el momento y en tal minuto, dando espacio a la sorpresa y a la expresión libre del ser que se manifiesta en todo instante. Es entonces cuando sucede lo que nos dice el poeta inglés T.S. Eliot: "En cada encuentro estamos tratando con un desconocido".

Sawubona. El poder de SER apreciativo.

> **RETO 45**
>
> Deja espacio a la expresión apreciativa del SER que ya eres.

Sexta Parte. La mirada apreciativa desde la ventana de otra persona.

La mirada apreciativa desde la ventana de la otra persona.

"Sin comprensión, el amor es imposible.
¿Qué debemos hacer para comprender a una persona?
Debemos tener tiempo;
debemos aprender a mirar en lo más profundo de esa persona.
Debemos estar ahí, atentos;
debemos observar, mirar profundamente.
Y el fruto de esa mirada profunda se llama comprensión.
El amor es auténtico si está hecho de una sustancia llamada comprensión".

Thich Nhat Hanh

Cuando observamos e interpretamos el comportamiento de los demás, no lo acostumbramos a hacer de igual modo a como lo realizamos con nuestras propias conductas.

Atribuimos y explicamos las causas de las acciones de los demás a factores internos, como predisposiciones o rasgos de personalidad, sin tomar en consideración las circunstancias que rodean a esa persona y que influyen en ese comportamiento.

En cambio, al referirse a nuestras actuaciones, lo atribuimos a factores externos y es entonces, cuando si tenemos en cuenta las circunstancias de la manera en que influyen en nuestras acciones. En psicología social a este sesgo se le conoce como *"error fundamental de atribución"* o *"sesgo de correspondencia"*.

Por ejemplo, si alguien se presenta tarde a la reunión, puede ser visto ese hecho como consecuencia de ser un impuntual, un desconsiderado o un irrespetuoso.

En cambio, si el que llega tarde eres tú, vas a argumentar que ese comportamiento es resultado de la congestión del tráfico, que te ha llevado a estar atrapado mucho tiempo en un atasco, y estos argumentos, no responden a un rasgo de tu personalidad como, por ejemplo, ser impuntual.

No llegar a la hora prevista puede ser determinante en una entrevista de trabajo, sobre todo si la persona que te va a entrevistar infiere como proyección a futuro, que ese retraso, es producto de un rasgo de tu personalidad, de tal manera que le puede llevar a pensar, que ese comportamiento lo vayas a repetir en tu futuro puesto de trabajo.

Si nuestra mirada se focaliza en la identidad y, por ende, atribuimos ese comportamiento a rasgos personales, estamos limitando las posibilidades tanto de desarrollo, como de incorporar acciones distintas. Nos situamos en una posición fija.

Sexta Parte. La mirada apreciativa desde la ventana de otra persona.

Si ese es nuestro planteamiento, lo que estamos ofreciendo son escasas o nulas opciones de mejora, pues lo que en el fondo decimos es que: "no hay nada que hacer".

Si nuestra mirada se centra en las circunstancias que influyen en ese comportamiento, ofrecemos además de empatía, mayores posibilidades de cambio y mejora.

Si la habitación de mi hijo adolescente está hecha un desastre, podemos considerar que es un desordenado y producto de un rasgo de su personalidad.

No obstante, si indagamos apreciativamente, sobre las circunstancias que hacen que tenga las cosas de la manera en que las tiene, podemos ayudar a mejorar la situación. Quizás, es una muestra de cómo está viviendo esta etapa convulsa de su existencia, en la que se siente desordenado y desubicado en su vida.

La cuestión es que la exploración apreciativa del comportamiento ayuda más que la etiqueta sobre algún rasgo negativo que se atribuye a la identidad de la persona. Una conversación desde la mirada apreciativa y centrada en las circunstancias, no en la etiqueta, facilita entre otras cosas, a que la persona se encuentre en una actitud más abierta a encontrar una solución.

Una mirada apreciativa al instante nos puede resultar difícil. Siempre están nuestros sesgos alerta para un posible etiquetado de la persona, por lo que es muy probable que nos veamos necesitados de una exploración apreciativa pausada y reflexiva, a fin de comprender lo que hay detrás de muchos comportamientos.

Stephen Covey en su célebre libro *"Los siete hábitos de la gente altamente efectiva"* comparte una historia que vivió que nos sirve de ejemplo:

"Recuerdo un 'minicambio' de paradigma que experimenté un domingo por la mañana en el metro de Nueva York. La gente estaba tranquilamente sentada, leyendo el periódico, perdida en sus pensamientos o descansando con los ojos cerrados. La escena era tranquila y pacífica.

» Entonces, de pronto, entraron en el vagón un hombre y sus hijos. Los niños eran tan alborotadores e ingobernables que de inmediato se modificó todo el clima.

» El hombre se sentó junto a mí y cerró los ojos, en apariencia ignorando y abstrayéndose de la situación. Los niños vociferaban de aquí para allá, arrojando objetos, incluso arrebatando los periódicos de la gente. Era muy molesto. Pero el hombre sentado junto a mí no hacía nada.

» Resultaba difícil no sentirse irritado. Yo no podía creer que fuera tan insensible como para permitir que los chicos corrieran salvajemente, sin impedirlo ni asumir ninguna responsabilidad. Se veía que las otras personas que estaban allí se sentían igualmente irritadas. De modo que, finalmente, con lo que me parecía una paciencia y contención inusuales, me volví hacia él y le dije: 'Señor, sus hijos están molestando a muchas personas. ¿No puede controlarlos un poco más?'

» El hombre alzó los ojos como si sólo entonces hubiera tomado conciencia de la situación, y dijo con suavidad: 'Oh, tiene razón. Supongo que yo tendría que hacer algo. Volvemos del hospital donde su madre ha muerto hace más o menos una hora. No sé que pensar, y supongo que tampoco ellos saben cómo reaccionar'.

Tras esta historia, Stephen Covey comparte cómo en ese momento, vio las cosas de otro modo y cómo pensó, sintió y se comportó de otra manera. Su irritación se desvaneció y fluyeron con libertad sentimientos de simpatía y compasión.

Recuerdo que mi hijo estaba jugando un partido de fútbol, y su equipo estaba perdiendo por 7 o quizás 8 goles a cero. Observé cómo los jugadores del equipo contrario se pasaban el balón, sin ninguna intención de acercarse a "nuestra portería" para anotar algún tanto más a los que ya llevaban. Notaba que me enfurecía al considerar que estaban riéndose, mofándose y humillando al equipo contrario.

Esta reacción llamó la atención a un padre que estaba sentado a mi lado cuando le explique la razón de mi enfado.

En ese momento, me comentó que había oído cómo el entrenador del equipo contrario dio la consigna, a sus jugadores, de que se dedicarán a seguir jugando al futbol, pero sin la intención de meter algún gol más.

Lo que es determinante, es saber a partir de donde estamos observando a los demás, desde la apreciación, la empatía o la compasión, o con arreglo a la desvalorización, la crítica o la incomprensión, con el ánimo de no herir la autoestima de los jugadores del equipo rival.

Todo va a depender de la óptica sobre la que estás observando a la otra persona y esa perspectiva está condicionada por la "posición" en la que te encuentras en cada momento en tu mirar hacia el mundo y a los demás.

Según cuál sea tu posición será el tipo de inferencia que harás. Por posición, me refiero no tanto a un lugar físico o geográfico, me quiero referir a tu sistema de creencias, valores, cultura, paradigmas, opiniones, etc., que hacen que ocupes una posición, en relación con los demás y al mundo.

Según la posición en la que estás, ves unas cosas y dejas de ver otras. Tu perspectiva, depende de la situación que ocupas. El psicoterapeuta y profesor de la Universidad de Stanford Irvin Yalom lo llama "mirar por la ventana del otro" y así lo explica en su libro *El Don de la terapia*:

Sexta Parte. La mirada apreciativa desde la ventana de otra persona.

"Tuve una paciente quien, durante toda su adolescencia, había estado enfrascada en una lucha larga y amarga con un padre duro y negativo.

» Deseando alguna forma de reconciliación, esperaba con ansia el momento en que su padre la llevara en coche hasta el colegio, momento en que ella estaría a solas durante horas.

» Pero el viaje tan esperado resultaba un desastre: su padre se comportaba fiel a su modo de ser y se pasaba todo el tiempo refunfuñando sobre el arroyo feo y lleno de basura que había al lado del camino.

» A su vez, ella no veía basura alguna en el hermoso arroyo rústico y virgen. Y, como no encontraba modo de responderle, al final terminaba por callar y pasaron el resto del viaje sin mirarse, cada uno con los ojos vueltos para su lado.

» Más adelante ella hizo ese viaje sola y se sorprendió al notar que había dos arroyos, uno a cada lado del camino. 'Esta vez yo conducía -dijo con tristeza- y el arroyo que veía por mi ventana del lado del conductor era tan feo y estaba tan contaminado como lo había descrito mi padre'.

Pero para cuando aprendió a mirar por la ventana de su padre ya era demasiado tarde: su padre estaba muerto".

La pregunta es: ¿Desde qué ventana estoy mirando a la otra persona?

> **RETO 46**
>
> Aprecia a los demás desde su ventana.

Aquí te comparto algunos ejemplos sobre la influencia de nuestra mirada según la "posición" que ubicamos y que quizás pueden resultarte algo familiares o muy próximos a ti. Veamos...

Si tu pareja se preocupa por tener las cosas muy bien dispuestas, mucho más que tú, puede significar para ti, que es muy quisquillosa/o y que tú, en cambio, eres más flexible con el orden.

Si, por el contrario, eres tú quien se preocupa por tener las cosas muy ordenadas, mucho más que tu pareja, puede representar para ti, que eres muy cuidadoso/a y es posible que identifiques a tu pareja, como chapucero/a.

Por cierto, recuerda estas palabras de Dante Alighieri: "Hay un secreto para vivir feliz con la persona amada: no pretender modificarla".

Sexta Parte. La mirada apreciativa desde la ventana de otra persona.

Aunque es posible que los ejemplos anteriores no reflejen con exactitud lo que a ti te sucede con los demás, si pueden darte la oportunidad de observar y reflexionar del grado en qué tu examen está siendo o no apreciativo y en qué medida estás mirando o no desde la ventana del otro.

Se trata, en muchas ocasiones (¿o quizás en todas?), de dejar a los demás en paz, así tal cual suena y centrarte en ti e intentar entenderte a ti mismo o misma. Así lo expresaba Carl Jung: "Todo lo que nos irrita de otros nos lleva a un entendimiento de nosotros mismos".

Cuando miramos desde la ventana de los demás, nos damos cuenta de lo que tenemos en común con las otras personas, lo que nos une con el resto de la humanidad, en nuestra condición de seres humanos. Lo que se conoce como humanidad compartida.

Las emociones que puede llegar a sentir una persona en una situación difícil son las mismas que podrías percibir tú, yo u otro ser humano, pues son universales, al formar parte de esa experiencia humana compartida que nos une y envuelve.

Es desde esa humanidad compartida, que rompe con los estereotipos y puedes darte cuenta de la verdadera conexión que las personas tenemos unas con otras. Es la oportunidad de conectar con la autocompasión y la compasión hacia los demás.

Como expresan Gonzalo Brito y Margaret Cullen en su libro *Mindfulness y equilibrio emocional:* "La compasión es el coraje de permitir que la impresionante belleza y el tremendo sufrimiento de la vida nos agriete y abre el corazón, reconociendo que precisamente es esta apertura lo que nos permite conectar auténticamente con los demás".

Y como dice Pema Chödrön, la mayor parte del tiempo, no estamos apreciando lo que tenemos, estamos luchando constantemente y alimentando nuestra insatisfacción, y añade: "Es como desear que crezcan flores echando cemento en el jardín".

SÉPTIMA PARTE

Apreciar lo que tienes.

> *"Mi felicidad consiste en que sé apreciar lo que tengo y
> No deseo con exceso lo que no tengo".*
>
> León Tolstoi

La adaptación hedonista.

> *"La autenticidad es no cambiar lo que uno es y
> aceptar lo que uno tiene".*
>
> Guillermo Borja

En 1971, Philip Brickman y Donald Campbell acuñaron el término "adaptación hedónica" en su artículo *"Hedonic Relativism and Planning the Good Society"* (*"Hedónico relativismo y planificación de la buena sociedad"*). Esta teoría sostiene que cuando una persona obtiene algo importante que quiere, sus expectativas, aspiraciones y deseos se incrementan de igual modo y, en consecuencia, la persona alcanza el mismo nivel de felicidad que tenía antes de lograr ese objetivo.

La conclusión es que las personas mantenemos una medida bastante estable de felicidad, a pesar de los acontecimientos externos, tanto positivos como negativos, que nos suceden.

Años más tarde, el psicólogo Michael Eysenck utilizó una metáfora relacionada con la adaptación hedonista que llamó "rueda hedonista" o "cinta de correr hedonista", y hace referencia a la búsqueda de felicidad o bienestar subjetivo.

La *"rueda hedonista"* se refiere metafóricamente, al comportamiento que tiene un hámster en la rueda dentro de la jaula, que por mucho que ande e incremente su velocidad de ejecución, siempre se encuentra en el mismo lugar.

También se utiliza idéntica circunstancia, para describir la metáfora de la *"cinta de correr hedonista"* y sugiere lo mismo. El símil aquí tiene que ver con una cinta de correr. La persona, al igual que el hámster, no deja de moverse, pero se mantiene en el igual sitio. La caminadora puede incrementar la velocidad y ajustar su paso la misma, eso si, el resultado es que se la persona, se mantiene en idéntica ubicación.

A este lugar se le ha llamado *"punto de partida hedonista"* o línea base de la felicidad, que es el sitio o nivel inicial de felicidad al cual la persona tiende a regresar y permanecer.

Séptima Parte. La adaptación hedonista.

Todos tenemos un puesto de ajuste de felicidad y cada uno de nosotros tiene su propio punto. Este es el lugar al que regresamos, tanto para los acontecimientos positivos como los negativos.

El reto es mantener, o incluso incrementar, ese punto de ajuste de felicidad.

La doctora en Psicología social y de la personalidad por la Universidad de Stanford, y, en la actualidad, profesora e investigadora del Departamento de Psicología de la Universidad de California en Riverside, Sonja Lyubomirsky nos da algunas claves.

Para Sonja Lyubomirsky existen 3 elementos que contribuyen, cada uno en un grado distinto de importancia, en el punto de ajuste de la felicidad o nivel de felicidad:

- En un 50% la herencia genética.
- En un 10% la situación y circunstancias de la vida que están fuera de nuestro control, y
- El restante 40% está bajo cierto control de la persona.

En lo que se refiere al primero de estos 3 elementos, el 50% de nuestra genética: ¿Crees que hay algo sobre lo que puedes influir para poder cambiar banco de genes?

Courtney Griffins investigadora en genética y experta en biología cardiovascular nos ayuda a dar con la respuesta. Transcribo aquí un fragmento de la charla que dio en TED:

"Estudié genética y dediqué gran parte de mi carrera al estudio del ADN y las grandes consecuencias que se dan en un laboratorio. Por eso siempre aposté por la naturaleza o el lado genético del debate. Pero, cuando mi obstetra me dijo que estaba embarazada de gemelos idénticos, me di cuenta de que estaba a punto de poner a prueba mis convicciones.

» En un momento determinado de la conferencia pregunta: '¿Qué ocurre con los gemelos idénticos criados en el mismo hogar?'

» Su naturaleza y crianza son casi la misma. Y, sin embargo, cualquier padre de gemelos, y me incluyo, puede identificar con facilidad las diferencias entre sus hijos".

Y minutos después pregunta: "¿Cómo explicamos estas diferencias, dado que ambos niños tienen el mismo ADN? Y, además, provienen del mismo hogar.

» Esto es la epigenética.

» Creo que este concepto, de poder modificar nuestros genes, es realmente profundo y fortalecedor porque siempre hemos trabajado bajo la impresión de que nuestros genes están fuera de nuestro alcance.

» Quiero concluir con un desafío para Uds. y para mí, de aprovechar la oportunidad que tenemos frente a nosotros de poder hacer algo para mejorar nuestra salud a largo plazo si cuidamos de nuestro epigenoma, a través de elecciones de vida saludables. Muchas gracias".

El término epigenética (epi=sobre), que quiere decir "más allá de los genes", se dedica al estudio de la forma en que se movilizan ciertas moléculas que tienen acceso al material genético y activan o desactivan los genes, sin que se produzca un cambio en la secuencia del ADN del organismo.

Esto es así, por la presencia de una capa de información adicional situada por encima del ADN que puede modificar la manera en la que se expresan los genes y no viene codificada por la secuencia de ADN.

Una vez conocido el concepto de Courtney Griffins: ¿Crees que puedes influenciar en tu epigenética?

Los expertos confirman que nuestro entorno, alimentación, el estrés, el estilo de vida, emociones, etcétera pueden influenciar, positiva o negativamente, en nuestra expresión genética.

¿Y qué significa esto? Que tenemos la posibilidad de hacer emerger elementos genéticos muy positivos, a través de actividades y factores ambientales que signifiquen condiciones saludables y que van a influir de forma favorable en nuestra genética, activando o desactivando según que genes.

Esto es así, hasta el punto de que, si tenemos predisposiciones genéticas a según que enfermedades, podemos modificar esta información en los genes y ayudar a que no se desarrollen.

Por otro lado, y siguiendo con Sonja Lyubomirsky, un 10% de situaciones y circunstancias en nuestra vida se encuentran fuera de nuestras manos y el 40% restante están bajo cierto control de la persona.

Dentro de ese 40%, son muchas las opciones de poder influir en ese lugar de felicidad. Para Sonja Lyubomirsky el punto de ajuste, como casi cualquier cosa en la vida que queramos mejorar, requiere de un esfuerzo y una práctica continuada.

Estas son las 12 actividades que propone Sonja para potenciar la felicidad y que están en nuestro control:

1. Expresar gratitud.
2. Cultivar el optimismo.
3. Evitar pensar demasiado y la comparación social.
4. Practicar la amabilidad.
5. Cuidar las relaciones sociales.
6. Desarrollar estrategias para afrontar las adversidades
7. Aprender a perdonar
8. "Fluir" más
9. Saborear las alegrías de la vida

10. Comprometerse con tus objetivos
11. Practicar la religión y la espiritualidad
12. Ocuparte de tu cuerpo.

¿Cuál o cuáles de ellas, crees que deberías atender ahora en tu vida para potenciar tu felicidad?

Sawubona. El poder de SER apreciativo.

Felicidad hedónica y felicidad eudaimónica.

> *"Comúnmente sólo apreciamos el valor de una cosa después de haberla perdido".*
>
> Arthur Schopenhauer

Se distinguen dos tipos de felicidad que se orientan al bienestar de la persona, aunque lo hacen de diferentes maneras:

- La felicidad hedónica busca el bienestar en el logro del disfrute o placer y a la evitación del dolor.
- La felicidad eudaimónico busca el bienestar en la búsqueda de significado y propósito de aquellas actividades que realizamos y que nos llevan a una vida plena.

La felicidad hedónica tiene su origen en la obtención de ciertas cosas o en el hecho de haber alcanzado determinados objetivos.

La felicidad eudaimónica se caracteriza por dar sentido y significado a nuestra existencia como seres humanos, lo que supone una vida plena y con propósito. La felicidad eudaimónica se vincula a la participación en actividades de tipo altruista que tienen, también para la persona, un significado y un propósito importante.

Estas actividades aún siendo dirigidas a otras personas o, mejor dicho, por ser encaminadas a otros, conducen a la autorealización y posibilitan y refuerzan nuestro bienestar.

Las acciones eudaimónicas, actividades del alma para Aristóteles, contribuyen a la actualización de nuestro potencial humano y nos permiten dotar de sentido a nuestras vidas. Estas actividades se orientan a los demás, aunque uno sale también beneficiado, en términos de autorealización personal y autotrascendencia.

Sonja Lyubomirsky realizó una investigación en la que se pedía a un grupo de estudiantes que hicieran cinco actos semanales de "bondad al azar", a su propia elección durante seis semanas.

Los resultados reflejaron que los estudiantes que realizaron los cinco actos de bondad obtuvieron un aumento significativo en sus niveles de felicidad, en comparación con un grupo control de estudiantes que no lo hicieron.

Sonja estableció una relación directa entre las actividades altruista o de bondad, con un incremento del bienestar y del nivel de felicidad.

> **RETO 47**
>
> Incorpora a tu vida actividades del alma.

El bienestar se alcanza a través de las dos felicidades. Requerimos de ambos tipos de felicidad para florecer como seres humanos y que nuestro bienestar sea lo más completo posible. Es importante realizar actividades de cada felicidad, pues se complementan y suelen funcionar de forma conjunta.

Lo que en muchos casos sucede es que hacemos una estimación elevada, y más bien exagerada, del impacto que van a tener en nosotros los factores hedonistas, como la compra de un nuevo coche, la adquisición de una casa o cualquier situación de este tipo. Luego, en el día a día, nos damos cuenta de que el impacto es mucho menor de lo que esperábamos.

Los cambios significativos en nuestro nivel de felicidad y más sostenibles a largo plazo son producto de las actividades más bien eudaimónicas.

En la adaptación hedónica lo que nos sucede es que:

- Al cabo de poco tiempo, regresamos a nuestro punto de ajuste de felicidad.
- Aquello que hemos conseguido, pierde valor o, mejor dicho, le restamos importancia en el corto plazo.
- Nos orientamos a la obtención de ciertos resultados y perdemos de vista la visión del proceso, es decir, del esfuerzo y motivación, que nos ha llevado al efecto deseado, y olvidamos las dificultades que hemos superado.
- No nos paramos a disfrutar con plenitud, lo conseguido, y lo que hacemos es lanzarnos con prontitud hacia un próximo objetivo.

Algunas formas de combatir, desde esta perspectiva apreciativa, los efectos de la adaptación hedónica son:

- Apreciar el proceso que te ha llevado al resultado: valorar lo que has hecho.
- Apreciar lo que tienes en cada momento.
- Apreciar quien ya eres y priorizar el SER en las acciones que lleves a cabo.

Es sabido que la capacidad adaptativa, que tenemos por los cambios producidos debido a nuevas circunstancias positivas en nuestra vida (un nuevo trabajo, una nueva relación o un incremento en nuestro nivel económico), no produce, con el paso del tiempo, la recompensa que esperábamos o "soñábamos".

La adaptación hedonista nos lleva a no valorar en suficiente medida lo obtenido, ni a veces el esfuerzo que hemos podido hacer en la obtención de ciertos resultados.

Esta falta de apreciación nos lleva a seguir pedaleando en la cinta, como el asno que sigue avanzando en pos de comerse la zanahoria que nunca alcanza.

Sawubona. El poder de SER apreciativo.

¿Afortunado por ganar la lotería?

> *"El éxito consiste en obtener lo que se desea.*
> *La felicidad, en disfrutar lo que se obtiene".*
>
> Ralph Waldo Emerson

¿Soy feliz con lo que ya tengo?

La creencia tradicional que afirma, que cuanto mayor es el nivel de ingresos de una persona, mayor es su felicidad, fue cuestionada en 1974 por unos estudios sobre la correlación entre el bienestar subjetivo y los ingresos, realizados por el economista Richard Easterlin, en aquel momento profesor de economía en la Universidad de Pensilvania.

Las sorprendentes conclusiones de este economista le llevaron a lo que se conoce como la "Paradoja de Easterlin" que viene a decir: El incremento de renta de una persona, o incluso un país, no tiene el mismo nivel de crecimiento en su sensación de satisfacción o bienestar, sino que llegan a mostrar rendimientos marginales decrecientes.

Se constata en estos trabajos de Easterlin que, en cualquier sociedad o país, las personas de mayor nivel económico tienen un grado más alto de felicidad que las personas más pobres. Esto es así pues el bienestar subjetivo aumenta en proporción a los ingresos.

Pero en la línea de la adaptación hedonista, esto es así, solo hasta cierto punto.

Esto se puede observar también en los estudios realizados en 1978 por Philip Brickman, Dan Coates y Ronnie Janoff-Bulman, en el que se comparaban los niveles de felicidad de 22 ganadores de lotería y 29 parapléjicos accidentados, cuyos resultados se compararon con un grupo control de 22 personas que eran tan felices o infelices como el resto de los participantes.

A los partícipes se les preguntó por la percepción de su nivel de felicidad en el momento actual, comparado con su situación anterior a ganar la lotería, antes de sufrir el accidente o en el caso del grupo control, cotejado con los seis meses anteriores al inicio del estudio.

Estas son algunas de las conclusiones:

Primera: Los ganadores de lotería experimentaron una etapa inicial de euforia. Los niveles de felicidad al inicio eran elevados.

Segunda: Los ganadores de lotería apreciaban, sobre todo en el corto plazo, que ahora tenían a su alcance cosas agradables y placenteras, que antes no eran posibles, pero esas sensaciones fueron decreciendo. Los ganadores realizaban nuevas actividades, que a largo plazo y por efecto de la costumbre, no añadieron felicidad.

Tercera: Con el paso del tiempo, no se encontraron diferencias importantes entre los ganadores de lotería y el grupo control (personas que eran tan felices o infelices como el resto de los participantes). El hecho de ganar la lotería no influyó en su nivel de felicidad.

Cuarta: Las víctimas compartieron que, respecto al grupo control, eran más felices en el pasado y menos en el presente.

Quinta: Para las víctimas, el corto plazo fue distinto, pues su nivel de felicidad disminuyó. No obstante: apreciaban ahora lo que antes no valoraban.

Una última conclusión es que la mejor manera de alcanzar un nivel de bienestar que sea duradero, y no quedarnos atrapados en la "rueda hedonista" o "cinta de correr hedonista", es mantener vivo el aprecio sobre lo que en cada momento llegas a tener y más allá del poseer, en lo que siempre hay y nos ofrece la vida.

Es conocido el ritual que se lleva a cabo en muchos monasterios budistas del Tíbet, consistente en la elaboración de mándalas de arena. El sentido en sánscrito de mándala, es rueda o círculo sagrado, y consiste en figuras geométricas, que tienen como objetivo, la transmisión de un mensaje con contenido espiritual.

Los monjes trabajan en conjunto y durante varios días, con precisión y detalle, en la elaboración de este mándala de arena. Lo sorprendente de esta tradición es que una vez finalizado el mándala se destruye y la arena es esparcida en algún entorno natural, por lo general un río.

Hay una gran carga simbólica en este acto, pues tiene como intención la práctica del desapego a lo material y rendirse a lo efímero que es la vida. Como dice Deepak Chopra: "Todos nosotros somos capaces de ir más allá de nuestras ataduras materiales".

Hay diferentes dimensiones del tener, un tener relacionado con lo material y otro que se refiere a otros ámbitos para la persona.

Por regla general, el aprecio por el tener, adquiere también fuerza y trascendencia, cuando lo que carecemos no se relaciona con algo material. Por ejemplo, la salud. Es posible, que te resulte familiar no haber apreciado tu estado de salud y en cambio, si hacerlo, cuando te has enfermado.

Es importante, pararte y frenar la dinámica de ir sin cesar a por lo siguiente. Tal sería el caso de estar obsesionado con los avances de la última tecnología, lo que nos hace ir cambiando sin parar de teléfono móvil, por ejemplo, rechazando lo que tenemos y ansiando obtener lo que carecemos. El camino de insatisfacción permanente está garantizado.

Esta dinámica nos hace de nuevo movernos en la rueda hedonista en un incesante movimiento hacia lo que no tenemos, dejando de apreciar lo que poseemos.

Toma la siguiente historia como explicación de todo esto:

Una pareja con seis hijos vivía en una casa muy pequeña y el hombre ya desesperado decidió visitar al rabino en busca de su consejo.

—Santo rabino —le dijo—, las cosas no me están saliendo muy bien, vivimos en una casa muy pequeña y siempre estamos discutiendo y peleándonos. ¡Es un infierno! No hay espacio para todos.

El rabino sonrió.

—Te ayudaré, pero debes prometerme hacer lo que yo te diga.

—Lo prometo —contestó el hombre.

—¿Cuántos animales tienes?

—Una vaca, una cabra y varias gallinas.

—Cuando llegues a casa, pon todos los animales dentro de tu casa y después de una semana vuelve a visitarme.

El hombre quedó sorprendido con la propuesta del rabino, pero como había hecho una promesa decidió hacerle caso y llevó a los animales dentro de su casa.

A la semana siguiente regreso agobiado.

—Es horrible, las cosas están ahora peor que nunca.

—Ahora saca tus animales fuera de la casa —ordenó el rabino.

El hombre fue de regreso hasta su casa y llevó a cabo lo que le dijo el rabino. Al cabo de unos días, volvió a visitar al rabino con una gran sonrisa.

—Rabino, ahora tenemos una mejor vida. Nunca habíamos estado tan bien. ¡Tenemos espacio de sobras! La casa es una maravilla.

Si te adentras en la experiencia de apreciar lo que ya tienes desde el desapego, y llegas a valorar lo que la vida te trae a cada instante, comprendes que la vida consiste en apreciar, sin más, LO QUE HAY.

El aprecio a lo que hay, significa ir más allá de querer a lo que tienes. Este es el tema del siguiente capítulo.

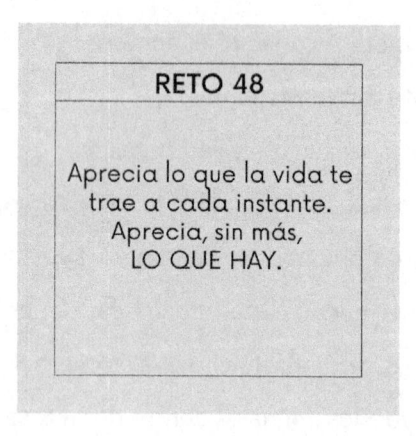

RETO 48

Aprecia lo que la vida te trae a cada instante.
Aprecia, sin más,
LO QUE HAY.

Apreciar lo que hay.

> *"Si puedes apreciar el milagro que encierra una sola flor, tu vida entera cambiará".*
>
> Buda

Martin Seligman, uno de los precursores de la Psicología Positiva, menciona en su libro *"La auténtica felicidad"*, un estudio donde se compara la longevidad de 180 monjas del convento de clausura de Notre Dame en Milwaukee. Este espacio era el lugar ideal para desarrollar el estudio, ya que todas viven en idéntico ambiente, realizan las mismas actividades, se alimentan igual, etc.

La investigación, que duró cinco décadas, concluyó que aquellas monjas que escribían en sus diarios autobiográficos, con un enfoque más apreciativo sobre sus vidas, vivían en promedio, diez años más que las personas con una perspectiva negativa e incluso neutral.

En concreto se encontró, que el 90% del grupo con este tipo de relatos seguían vivas a los 85 años, en contraste con el 34% de la muestra con relatos no tan apreciativos.

La investigación demostró que no había ningún otro factor diferencial que estos relatos, pues las monjas llevaban todas ellas, igual estilo de vida y seguían una misma dieta alimentaria.

Apreciar lo que hay, significa estimar lo que hay en tu vida a cada momento y de forma incondicional.

Es una aceptación a lo que la vida te trae y a lo que deja de traerte.

Este apreciar lo que hay, conecta con el concepto *wabi sabi* japonés que no tiene nada que ver con el conocido condimento japonés del *wasabi* que quizás te haya podido venir a la cabeza.

La filosofía y espíritu del *wabi sabi* se inspira en el taoísmo y el budismo zen y se basa en la búsqueda de la belleza, desde la aceptación serena de las imperfecciones que encierra la vida y la impermanencia de las cosas.

Es por eso, que una posible definición de la palabra *wabi sabi* tiene que ver con la *"belleza imperfecta"* aunque el vocablo es de difícil traducción.

Por una parte, podemos relacionar la palabra *wabi* con armonía, frescura y paz, que representan la sabiduría de la naturaleza y, por otro lado, el concepto *sabi,* se asocia al cambio en las cosas, resultado del paso del tiempo que trae su fugacidad e impermanencia.

A pesar de ese natural ciclo de crecimiento y decadencia de la vida que nos conecta con la realidad de lo efímero, el *sabi,* nos hace comprender la belleza que encierran las cosas en ese paso del tiempo, en contraposición a una mirada centrada en su degradación o desgaste.

Es una apreciación a lo que hay en cada momento de ese ciclo de vida que, llevado hacia nosotros mismos, se refiere a nuestro propio curso vital, no solo en sus diferentes etapas, también a las diversas experiencias, que nos acerca a la fase final del ciclo.

Es apreciar lo bello de cada momento y en especial en su última etapa, teniendo una mirada apreciativa a la belleza, la serenidad y la sabiduría que encierra lo viejo.

Esta filosofía tiene sus cimientos en tres principios que proceden de la naturaleza y el ciclo natural de la vida:

- Nada es perfecto.
- Nada dura, ni es permanente
- Nada está completo, ni terminado.

Apreciar lo que hay, es observar la belleza de la imperfección, la impermanencia y la incompletud de la vida y las cosas.

Ese aprecio a lo que hay, te conecta con la estima a quien eres y te pone en conexión con los demás, desde una humanidad compartida. En palabras de Rumi: "Nacemos sin traer nada, morimos sin llevar nada, y en medio, luchamos por ser dueños de algo".

Sawubona. El poder de SER apreciativo.

> **RETO 49**
>
> Aprecia la belleza
> de la imperfección

Apreciar y honrar quien ya eres.

> *"Nadie puede ser feliz si no se aprecia a sí mismo"*
> Rousseau

Apreciar quien ya eres, significa salir de un paradigma marcado por los siguientes pasos: 1. TENER -> 2. HACER -> 3. SER.

La persona, bajo este paradigma, orienta su vida en el TENER y para eso, usa de guía los estímulos que están fuera de ella, lo que le mueve es lo externo, como el deseo o afán de obtener algo.

Y siguiendo a ese TENER, orienta sus acciones hacia un HACER centrado en trazar un camino, regido por las pautas de lo material.

En este paradigma, la persona se aparta de su SER, que queda relajado a veces como algo casi anecdótico.

El modelo desde el aprecio a quien ya eres sigue los siguientes pasos: 1. SER -> 2. HACER -> 3. TENER.

El primer peldaño y más importante es honrar a quien ya eres. Ese SER da significado a ese HACER, a lo que haces, en la medida que tiene sentido y coherencia al estar alineado con el SER que eres. El estímulo que mueve a la persona en ese HACER viene de dentro de ella. Es un hacer en virtud de sus talentos y dones que tiene un efecto actualizante en tu SER, como podrás ver en el capítulo: "La tendencia actualizante del SER que eres".

El TENER aquí es fruto y consecuencia de todo lo anterior y llega a la persona, sin que tenga que representar el foco principal de la misma.

Séptima Parte. Transitar a través del SER que eres.

Transitar a través del SER que eres.

"El privilegio de una existencia es llegar a ser quien eres verdaderamente".

Carl G. Jung

Bill O'Hanlon, psicoterapeuta y referente de la conocida Terapia Orientada a la Solución, utiliza una técnica verbal basada en las excepciones. Esta práctica sirve para aquellas situaciones en las que hacemos descripciones del SER, desde una perspectiva que se entiende como negativa.

Cuando, en el ámbito terapéutico, la persona dice por ejemplo "soy muy torpe", la respuesta del terapeuta es "exceptuando cuando no lo eres".

Esta afirmación del terapeuta supone una sacudida a la perspectiva inicial que ofrece la persona, y le lleva a una mirada distinta de sí mismo.

¿En que consiste esta técnica de los momentos de excepción? Nos lo explica el propio Bill O'Hanlon: "La idea es muy simple. Si las personas quieren experimentar más éxitos, más felicidad y menos estrés en su vida, ayúdeles a evaluar lo que es diferente en aquellos momentos en que ya disfrutan del éxito, son felices y están libres de estrés. Ahí está la solución: dedicarse más a aquellas actividades de las que hay constancia de que han conseguido (aunque sea por cortos períodos de tiempo) el objetivo deseado".

Con esta técnica, la persona sale de una posición fija, en la que le resulta difícil dar con la solución a la situación que está experimentando y transita de una posición "yo torpe", a una del tipo "yo habilidoso".

La posición "yo habilidoso" podría ser considerada también como una posición fija, pero se presenta suavizada pues, desde esa posición, la persona se puede sentir más capaz desde el "yo habilidoso", para afrontar mejor las diversas situaciones que experimenta.

Experimentamos la vida, desde la perspectiva de las polaridades, atravesando aspectos contrarios que habitan en nuestro mundo (día/noche, blanco/negro...) y así lo hacemos de igual modo hacia nosotros mismos, como en el ejemplo, "torpe" frente a "habilidoso".

Este tránsito, de la torpeza a la habilidad, es un rasgo propio de la positividad y encierra en sí, un valor de efectividad. Ahora, cuando ese desplazamiento, de lo negativo a lo positivo, sucede a través de cierto automatismo, desde la aplicación de una determinada técnica, sin más, la positividad deviene en una pura fórmula mecánica. Como bien nos dice Pema Chödrön: "Tratar de escapar nunca es la respuesta a ser totalmente humanos. Huir de la inmediatez de la experiencia es como preferir la muerte a la vida".

Séptima Parte. Transitar a través del SER que eres.

Cuando transitamos desde la negación o falta de aceptación de esa parte de nosotros, sin toma de consciencia, se resienten nuestras mejores opciones de crecimiento y realización, que conlleva ese darse cuenta.

Este viaje hacia el mundo mágico de lo positivo, sin consciencia, es uno de los aspectos que adolecen los argumentos que esgrimen, una buena parte de quienes se posicionan por la positividad de una forma un tanto ciega o poco crítica.

Si no me detengo a observar, y observarme, en esa parte de mí, que no es de mi agrado, y voy hacia la experiencia positiva, sin haber visitado esa parte que entiendo o vivo como negativa, el resultado es que lo que no quiero vivir, permanece de alguna manera latente en mí. En esa situación, no me permito reconocer, es decir, admitir como cierto o legítimo, aquello que es mío, que está en mí.

También va a ser importante, observar y observarte, tomar consciencia y darte cuenta, de lo que sucede en tu parte deseable, positiva. En el ejemplo de una pareja que se pelea mucho, Bill O'Hanlon preguntaría lo siguiente: "¿Qué es diferente en los momentos en que os lleváis bien?" y "¿Qué es lo que él/ella hace de forma diferente?, etc." para posteriormente preguntar "¿Qué tienes que hacer para conseguir que suceda más a menudo?"

Si queremos que nuestro "yo habilidoso" esté más presente, sea más habitual y menos excepcional, algo que nos va a ayudar es mantenernos en la intención y en el esfuerzo por "hacer miles y miles de saltos" como Nijinsky. Así nos recuerda la famosa bailarina Martha Graham: "El bailarín es realista, su arte le enseña a serlo. No importa si el pie está en puntas o no, ningún sueño lo pondrá en puntas por nosotros. Para ello se necesita disciplina, no sueños. ¿Cuántos saltos hizo Nijinsky antes de hacer el que sorprendió al mundo?: miles y miles. Esa leyenda es la que nos da energía, fuerza y arrogancia para volver al estudio a trabajar entre el montón y poder nacer una vez más como el único bailarín".

Esa repetición es una llamada al SER que habita en ti y, además, es un mensaje que agita tu sistema de creencias y te permite dejar fuera, pensamientos del tipo "no soy capaz", "no puedo hacerlo", "no puedo mejorar" ...

Llegados a este punto, te invito a hacer la siguiente reflexión: En tu vida, ¿Hay momentos en que eres "torpe" y hay momentos en que eres "habilidoso"?

Más bien, HAY MOMENTOS.

Y, hay momentos, en que te identificas desde tu SER como torpe y hay instantes en los que lo haces como habilidoso.

Nuestro SER, no necesita de esas definiciones. El SER, no requiere ser acompañado de significación alguna. En sí mismo, no tiene definición.

Está ahí para tu descubrimiento, no para ser delimitado. Cuando decimos ser fuerte, ser honesto, ser paciente, etc., es una invitación a conectar con esa parte de nosotros, que configura nuestro ser, pero no lo define.

Si el SER, estuviera determinado por nuestras definiciones, significaría que es algo cambiante y qué cambia según sea en cada momento y el tipo de significado que le damos.

Esto no es así, el SER es permanente, por lo que ir hacia lo positivo, negando y dejando de explorar partes de nosotros en principio desagradables, es transitar desconectado de tu SER, por lo que apenas hay aprendizaje u oportunidad de realización.

En esa indagación en y desde el SER, apreciando lo que hay y emerge en ti a cada momento, sin juicio, sin etiquetas, te das cuenta de que lo que te parecía negativo no lo es, hasta el punto de que adviertes, que esa parte que te cuesta aceptar de ti adquiere todo su sentido. Así lo expresa, de forma humorística, Alejandro Jodorowsky: "Decía mi abuelita, Todo es relativo: para un colador no es un defecto tener agujeros".

Sawubona. El poder de SER apreciativo.

RETO 50

Aprecia aquello que te cuesta aceptar de ti.

Séptima Parte. La tendencia actualizante
del SER que eres.

La tendencia actualizante del SER que eres.

> *"Tu punto de partida (y tu punto de llegada)
> es convertirte en amigo de la persona que ya eres,
> con todas sus virtudes, tus defectos y tus flaquezas".*
>
> Padragi O´Morain

El siguiente cuento de Anthony de Mello, *"El águila real"* del libro *El canto del pájaro* nos da paso al presente capítulo:

"Un hombre se encontró un huevo de águila. Se lo llevó y lo colocó en el nido de una gallina de corral. El aguilucho fue incubado y creció con la nidada de pollos.

» Durante toda su vida, el águila hizo lo mismo que hacían los pollos, pensando que era un pollo. Escarbaba la tierra en busca de gusanos e insectos, piando y cacareando. Incluso sacudía las alas y volaba unos metros por el aire, al igual que los pollos. Después de todo, ¿no es así como vuelan los pollos?

» Pasaron los años y el águila se hizo adulta. Un día divisó muy por encima de ella, en el límpido cielo, una magnifica ave que flotaba elegante y majestuosamente por entre las corrientes de aire, moviendo apenas sus poderosas alas doradas.

» La vieja águila miraba asombrada hacia arriba.

» '¿Qué es eso?', preguntó a una gallina vieja que estaba junto a ella.

» 'Es el águila, la reina de las aves', respondió la gallina. 'Pero no pienses en ello. Tú y yo somos diferentes a ella'.

» De manera que el águila no volvió a pensar en ello. Y murió creyendo que era una gallina de corral".

Una de las claves en tu mirar o, mejor dicho, de tu mirarte apreciativamente, es valorar lo que ya hay en ti. El punto de inicio es lo que ya hay y a partir de ahí crecer y desarrollarte, y hacerlo de forma natural, desde quien en realidad eres, un águila o una gallina. En esta misma línea, lo expresan, cada uno a su manera y estilo, psicólogos como Carl Rogers, Abraham Maslow y Antonio Blay.

Para Carl Rogers el ser humano y los organismos vivos, muestran una tendencia innata y natural a ser lo mejor que en cada momento pueden llegar a ser. Considera, que cuando no es así, como por ejemplo frente a una enfermedad mental, es que existe una distorsión de esa propensión natural, que dificulta ese desarrollo y crecimiento.

La tendencia actualizante, como la llama Rogers, representa una actualización de nuestras potencialidades. Esta idea es similar a la empleada por Abraham Maslow, en su propuesta de autoactualización o autorealización, que identificó como la satisfacción de aquellas necesidades o aspiraciones, centradas en nuestra evolución y desarrollo como seres humanos.

Esta evolución y desarrollo tiene también su expresión en lo que el filósofo francés Henri Bergson, explicó en su libro *La evolución creadora*, como *élan vital*, expresión francesa que se puede traducir como "impulso vital" que relacionó estrechamente con la conciencia. Esta idea de "impulso vital" está influenciada por lo que el filósofo americano Ralph Waldo Emerson llamó "fuerza vital".

Este impulso vital, fuerza vital o tendencia actualizante, forma parte intrínseca del ser y favorece de manera creativa, su conservación y desarrollo.

La falta o, mejor dicho, la desconexión con esa fuente vital, no nos facilita movernos hacia ese crecimiento y realización y poder realizarlo como lo hace una flor, que de forma natural y sin restricciones, se desarrolla hacia su completud y perfección.

Las aportaciones de Antonio Blay en su libro *"Personalidad y Niveles Superiores de Conciencia"* ponen más luz sobre a este tema. Blay hace la siguiente pregunta: "Todos buscamos la felicidad, el bienestar; ¿Por qué los buscamos?"

Y el mismo Blay, nos sugiere la respuesta, es coincidente con la lógica más tradicional: "La respuesta inmediata sería: "porque no los tenemos".

¿Ha sido esa tu respuesta?

Seguidamente nos invita a profundizar en esa respuesta, planteando una paradoja muy interesante: "Pero examinándolo más a fondo veremos que la cosa no es tan simple, ya que la verdadera respuesta añade otro matiz. Efectivamente, buscamos la felicidad porque no la tenemos, pero, además, porque de algún modo si la tenemos".

Y nos invita de nuevo a la reflexión sobre el origen: "Cuando yo tengo en mi el deseo de felicidad, de plenitud, de paz, de bienestar, de inteligencia, de poder, etc., cuando yo siento esa ansia de lo positivo ¿de dónde me viene sino de algo positivo que está en mí? ¿de dónde me viene la demanda, la intuición, el deseo, sino de algo que de algún modo está ya en mi interior?"

Finalmente, añade: "Si yo no tuviera en algún grado esa felicidad, esa plenitud, yo no tendría ni noción de esta posibilidad de plenitud".

Lo que dice Antonio Blay nos lleva a la *élan vital* de Henri Bergson, como impulso vital inherente al ser de la búsqueda de la felicidad: "Cuando en nosotros aparece la aspiración, la demanda espontánea, natural, hacia algo, es porque ese algo está pidiendo desarrollarse, actualizarse. Por lo tanto, cuando nos lamentamos de las cosas desagradables o del modelo negativo que vivimos, hemos de aprender a intuir, detrás de la experiencia inmediata negativa, la presencia de algo positivo, que es lo que nos impulsa a buscar la solución".

La parte negativa, desagradable o no deseable, encierra la llamada hacia algo mejor y supone la actualización de tu SER.

Es una invitación a conectar con lo que tienes, lo que hay, lo que es significativo, tu esencia, en definitiva, y no es más que una conexión con el ser que ya eres.

Es un encuentro hacia ti mismo, reflejado en la satisfacción por el logro de aquellas aspiraciones que dan significado al ser que eres, a través del desarrollo de tus potencialidades o talentos.

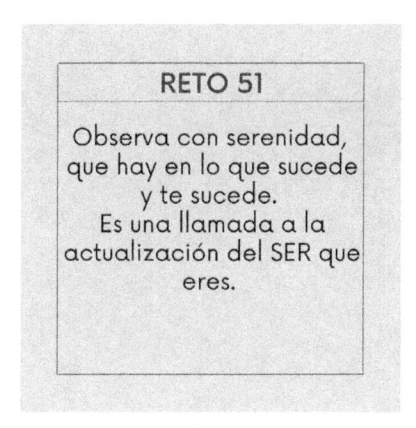

RETO 51

Observa con serenidad, que hay en lo que sucede y te sucede.
Es una llamada a la actualización del SER que eres.

Sawubona. El poder de SER apreciativo.

Séptima Parte. Eleva la mirada apreciativa
del SER que ya eres.

Eleva la mirada apreciativa del SER que ya eres.

*"El cambio se produce cuando uno se convierte en lo que es,
No cuando trata de convertirse en lo que no es".*

Arnold Beisser

Cuando hablamos del SER, nos sucede lo mismo que al pez, a que se refiere Anthony de Mello en su libro *"El canto del pájaro"*:

» 'Usted perdone', le dijo un pez a otro, 'es usted más viejo y con más experiencia que yo y probablemente podrá usted ayudarme. Dígame, ¿Dónde puedo encontrar eso que llaman Océano? He estado buscándolo por todas partes, sin resultado'.

» 'El Océano', respondió el viejo pez, 'es donde estamos ahora mismo'

» '¿Esto? Pero si esto no es más que agua... Lo que yo busco es el Océano', replicó el joven pez, totalmente decepcionado, mientras se marchaba nadando a buscar en otra parte.

» 'Deja de buscar, pequeño pez. No hay nada que buscar. Solo tienes que estar tranquilo, abrir tus ojos y mirar. No puedes dejar de verlo'.

Al igual que el pez joven, no vemos o nos cuesta ver, más allá de nuestro mundo ordinario, y a duras penas nos percatamos de la inmensidad del SER, dígase océano en el cuento, que tenemos aún por descubrir y que no alcanzamos a ver o incluso a intuir.

La mirada apreciativa hacia ti mismo es una invitación a conectar con la belleza del ser que ya eres, como así nos dice el monje budista zen Thich Nhat Hanh: "Ser hermoso significa ser tú mismo".

Más que conocerte, es un reconocerte desde una mirada más apreciativa, sin juicios, centrada en tus potencialidades, en tu núcleo positivo, en lo que ya tienes y ya eres, no en lo que te falta, ni tampoco enfocado en quien no eres.

Es un lugar donde dejarte caer en el SER que ya eres, desde la aceptación de lo que hay y lo que estás siendo en toda ocasión.

Quien estás siendo a cada momento es la manifestación de una parte de tu ser que, conectado a tu núcleo más positivo o fuerza vital, y desde una mirada apreciativa, se va actualizando, para mostrar cada día más, mucho más, el ser que en realidad ya eres.

¿Y cómo se produce esta actualización? Imagínate que estás sentado en el asiento de la ventana de un tren, y tienes justo a tu lado a otro vagón parado en la vía contigua, que circula en la dirección contraria a la tuya.

De repente, tienes la sensación que tu tren se está moviendo, pero en realidad el que se mueve es el que estaba justo al lado del tuyo.

¿Te ha sucedido esto alguna vez?

Lo que sucede es una actualización de tu SER, de algo que ya está en ti. Ese reajuste se produce también desde la inacción, es decir, por el hecho de experimentar el SER que hay en ti. Por ejemplo, la experiencia, como padre o madre, te va a mostrar el potencial que hay en ti y te va a poner en conexión con ese SER padre y SER madre.

Hay una inacción en una acción, que se origina de igual manera que en el movimiento del tren de la vía contigua que observas desde una inactividad.

Como dice el libro sagrado hinduista Bhagavad Gita, que significa "Canto del Señor": "Aquel que ve la inacción en la acción y la acción en la inacción, ese es un sabio entre los hombres".

Creemos que la actualización de nuestro SER padre o SER madre, por ejemplo, resulta de la conceptualización de ese SER padre o SER madre.

No es que una idea o un concepto sobre algo no pueda sernos de ayuda, pero la actualización, se produce en esencia desde la experimentación de ese SER.

No es un aprender del concepto, es un aprender experimentando el SER que ya eres.

La actualización del SER sucede en esa experimentación apreciativa de valorar quien ya eres. Tienes la sensación de que hay un cierto movimiento interno, de que algo está cambiando, cuando en realidad tu SER no se ha movido, ha estado ahí, está ahí y estará siempre ahí, atento a los diferentes momentos y oportunidades que emergen en tu vida para ser actualizado o, mejor dicho, SER actualizado.

A Leonardo da Vinci le formularon la siguiente pregunta: ¿Cuál era la mayor de sus obras? Su respuesta fue: "Leonardo da Vinci".

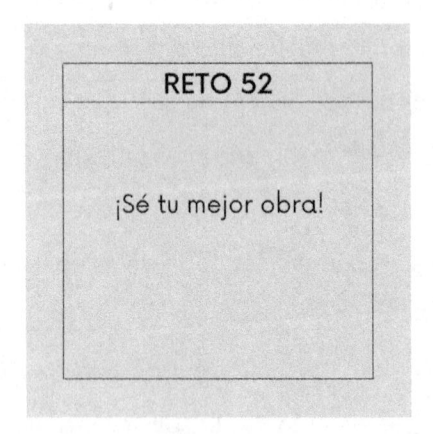

RETO 52

¡Sé tu mejor obra!

Con aprecio,

Damàs Basté

Reflexiones finales.

Leí, no sé con exactitud en dónde ni cuándo, que los libros no se terminan, sino que se sueltan, se dejan ir, y así lo he vivido, en especial, en su parte final.

Aunque algunos aspectos y temas abordados han quedado abiertos, la sensación en este momento de cierre es de completud.

La pretensión ha sido, dejar todo el tiempo, un espacio abierto a la reflexión y a la personal visión que, el lector pudiese estar sacando de la lectura del libro.

Tocaba darle esa completud y forma a todo lo que estaba escribiendo y poner un punto final, o más bien un punto y aparte, sin la certeza de que, ahora, llegado ya este cierre, el texto pueda tener una continuidad.

Algo que a lo largo del libro fue resonándome y que fui manteniendo como una constante reflexión, fue la respuesta, a la pregunta "¿Y qué hago ahora?" que hice al doctor: "Vida normal".

Ha sido en este momento, en el cierre del libro, cuando la frase "vida normal" ha adquirido significado y sentido:

Una vida normal es la propia de una persona que no está regida por la dicotomía éxito y fracaso, ni determinada por la presión social que te lleva a sentirte fracasado si no estás en la orbita de lo que socialmente se considera éxito.

Es una invitación a abandonar el positivismo tóxico que te conduce a la irrealidad y a la negatividad extrema que niega las opciones.

Es un darse cuenta de que quizás lo extraordinario es saber vivir aceptando y apreciando lo que hay, lo que tienes, lo que haces y, sobre todo, quien ya eres y, desde ahí, decidir el camino que quieres seguir. Un camino que te lleva al lugar del que partiste y al que poder mirar apreciativamente.

"No debemos dejar de explorar.
Y al final de nuestras exploraciones
llegaremos al lugar del que partimos.
Y lo conoceremos por primera vez".
T.S. Eliot

Bibliografía.

Ben-Shahar; Tal *La búsqueda de la felicidad. Por qué no serás feliz hasta que dejes de perseguir la perfección*, Alienta Editorial, Barcelona, 2011.

Blay; Antonio *Personalidad y Niveles Superiores de Conciencia* Ediciones Índigo, Barcelona, 1991.

Blay; Antonio *SER. Curso de Psicología de la Autorealización* Ediciones Índigo, Barcelona, 1992.

Borja; Guillermo *La locura lo cura. Manifiesto Psicoterapéutico*. Ediciones La Llave, D.H., Vitoria-Gesteiz, 2006.

Brito; Gonzalo y Cullen; Margaret *Mindfulness y equilibrio emocional* Editorial Sirio, Málaga, 2016

Calle; Ramiro *El Libro de la Serenidad* Editorial Martínez Roca, Barcelona, 2000.

Chabris; Christopher y Simons; Daniel *El gorila invisible. Cómo nuestras intuiciones nos engañan* Editorial RBA, Barcelona, 2011.

Chödrön, Pema, *Cuando todo se derrumba. Palabras sabias para momentos difíciles*, Gaia Ediciones, Madrid, 1998.

Chödrön, Pema, *Comienza donde estás. Guía para vivir compasivamente*
Gaia Ediciones, Madrid, 2011.

Chödrön, Pema, *Los lugares que te asustan. Convertir el miedo en fortaleza en tiempos difíciles* Espasa Libros, Barcelona 2016.

Cohen; Lorenzo y Jefferies; Alison *Vida Anticáncer Transforma tu vida y tu salud mediante una combinación de seis elementos clave* Editorial Urano, Barcelona, 2019.

d'Ors, Pablo *Biografía del Silencio.* Ediciones Siruela, Madrid, 2012.

Dweck, Carol *Mindset. La actitud del éxito* Editorial Sirio, Málaga, 2016.

Ehrenreich, Barbara *Sonríe o muere. La trampa del pensamiento positivo* Editorial Turner, Madrid, 2018.

Frankl; Viktor *El hombre en busca de sentido* Herder Editorial, Barcelona, 1979.

Garriga Bacardí; Joan *Vivir En El Alma: Amar lo que es, amar lo que somos y amar a los que son* Editorial Rigden, Barcelona, 2009.

Goleman, Daniel FOCUS *Desarrollar la atención para alcanzar la excelencia* Editorial Kairós, Barcelona, 2014.

Han; Byung-Chul *La sociedad del cansancio* Herder Editorial, Barcelona, 2017.

Hill; Napoleon *Burlar al Diablo. Secretos desde la cripta* Editorial Lectorum México 2012.

Kabat-Zinn, Jon *Vivir con plenitud las crisis Cómo utilizar la sabiduría del cuerpo y de la mente para afrontar el estrés, el dolor y la enfermedad* Editorial Kairós, 2016.

Katie; Byron y Mitchell; Stephen *Amar lo que es. Cuatro preguntas que pueden cambiar tu vida* Editorial Urano, Barcelona, 2002.

Kahneman, Daniel *Pensar rápido, pensar despacio* Debolsilo Editorial. Barcelona, 2021.

Kiyosaki; Robert T. Padre Rico, Padre Pobre Penguin Random House Grupo Editorial, Barcelona, 2011.

Kornfield; Jack *Camino con corazón. Una guía a través de los peligros y promesas de la vida espiritual* Editorial La liebre de Marzo, Barcelona, 2006.

Langer, Ellen J., *Mindfulness La atención plena* Editorial Paidós, Barcelona, 2011.

Lewis, Sarah *The Rise: Creativity, the Gift of Failure, and the Search for Mastery* Simon Schuster New York 2014

Lyubomirsky; Sonja *La ciencia de la felicidad. Un método probado para conseguir el bienestar* Ediciones Urano, Barcelona, 2008.

Moorjani; Anita *Morir para ser yo. Mi viaje a través del cáncer y la muerte hasta el despertar y la verdadera curación* Gaia Ediciones, 2012.

Norem, Julie y Cantor; Nancy *El poder positivo del pensamiento negativo* Editorial Paidos, Barcelona, 2010.

O'Hanlon W.H. y Weiner-Davis M. *En busca de soluciones* Editorial Paidós Barcelona 1990.

O'Marain, Padraig Kindfulness Sé amable contigo mismo Roca Editorial, Barcelona, 2019.

Peñarrubia, Francisco *Terapia Gestalt La vía del vacío fértil* Alianza Editorial Madrid 2004.

Robbins, Mel *El poder de los 5 segundos. Sé valiente en el día y transforma tu vida* Ediciones La Cúpula, Barcelona, 2018.

Rojas; Marcos; Luis *Optimismo y Salud. Lo que la ciencia sabe de los beneficios del pensamiento positivo* Editorial Grijaldo, Barcelona, 2020.

Rojas; Marcos; Luis *La fuerza del optimismo* Santillana Ediciones Generales, Madrid 2005.

Rojas; Montes, *La ilusión de vivir* Editorial Salvat, Barcelona, 1998.

Seligman, Martin *Authentic Happiness Using the New Positive Psychology to Realize Your Potential for Lasting Fulfillment* Editorial: Nicholas Brealey Publishing, London, 2010.

Senge, Peter *La Quinta Disciplina*, Editorial Granica, Barcelona, 1995.

Stamateas, Bernardo Fracasos exitosos: como crecer a partir de nuestros errores y detectar las oportunidades que hay en cada fracaso, Ediciones B, Barcelona, 2015.

Thich Nhat Hanh *El arte de vivir. Elige la paz y la libertad. Aquí y ahora.* Ediciones Urano, Madrid, 2018.

Thich Nhat Hanh *Los lugares que te asustan. Convertir el miedo en fortaleza en tiempos difíciles* Espas Libros, Barcelona 2016.

Wilks; Frances Emoción Inteligente Como tener éxito mediante el dominio y la transformación de los sentimientos Editorial Planeta, Barcelona, 1999.

Sawubona. El poder de SER apreciativo.

Acerca del autor.

Damàs Basté es doctor en Comunicación por la Universitat Ramon Llull. Licenciado en Derecho. Coach PCC por la ICF y CPC por ASESCO. Certificado en Appreciative Inquiry (indagación apreciativa) para el Cambio Positivo por la Case Western Reserve University, Cleveland, Ohio, USA. Cursó Especialización en Psicología Positiva por la University of Pennsylvania, USA. Practitioner en PNL (programación neurolingüística). Certificado en Myers Briggs Type Indicator (MBTI). Formado en Terapia Gestalt.

En su calidad de coach, consultor y facilitador, acompaña a organizaciones, equipos y personas en su desarrollo profesional y personal. Especialista en procesos de cambio y desarrollo organizacional (OD), usa metodologías como coaching, coaching de equipos, diversas dinámicas y técnicas grupales y, sobre todo, Appreciative Inquiry, Future Search, Open Space Technology y Proceso U.

Formador en coaching. Supervisor, mentor y evaluador de coaches. Formador en diferentes escuelas de negocios.

Printed by Amazon Italia Logistica S.r.l.
Torrazza Piemonte (TO), Italy